斎藤一人

天も応援する お金を引き寄せる法則

柴村恵美子
Shibamura Emiko

PHP研究所

財布は
「お金のホテル」
だと思っている。

お札の向きと種類が揃っている。

お金が落ちていたら
必ず拾う。

お金が入ってきたら感謝。
出ていくときも感謝。

できるだけ多くのお金を持って歩く。

願いを
具体的な目標にする。

自分の仕事を愛している。

「お金は限りなくあるものだ」

と思っている。

相手の隠された才能や魅力を
引き出すのがうまい。

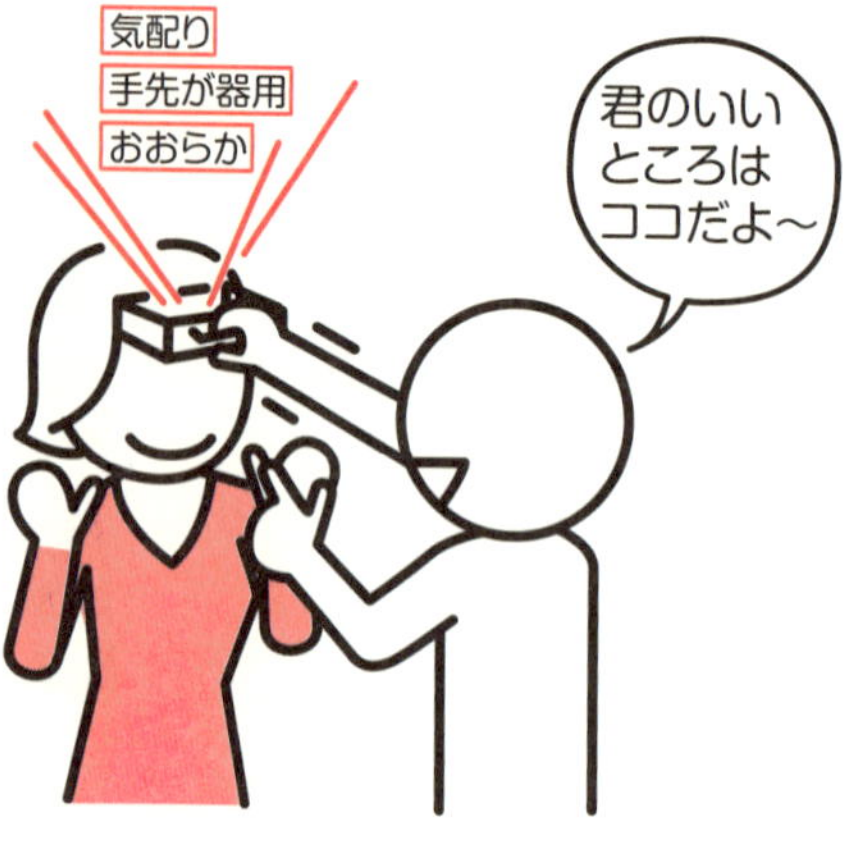
君のいい
ところは
ココだよ〜
気配り
手先が器用
おおらか

相手を無理に変えようとしない。

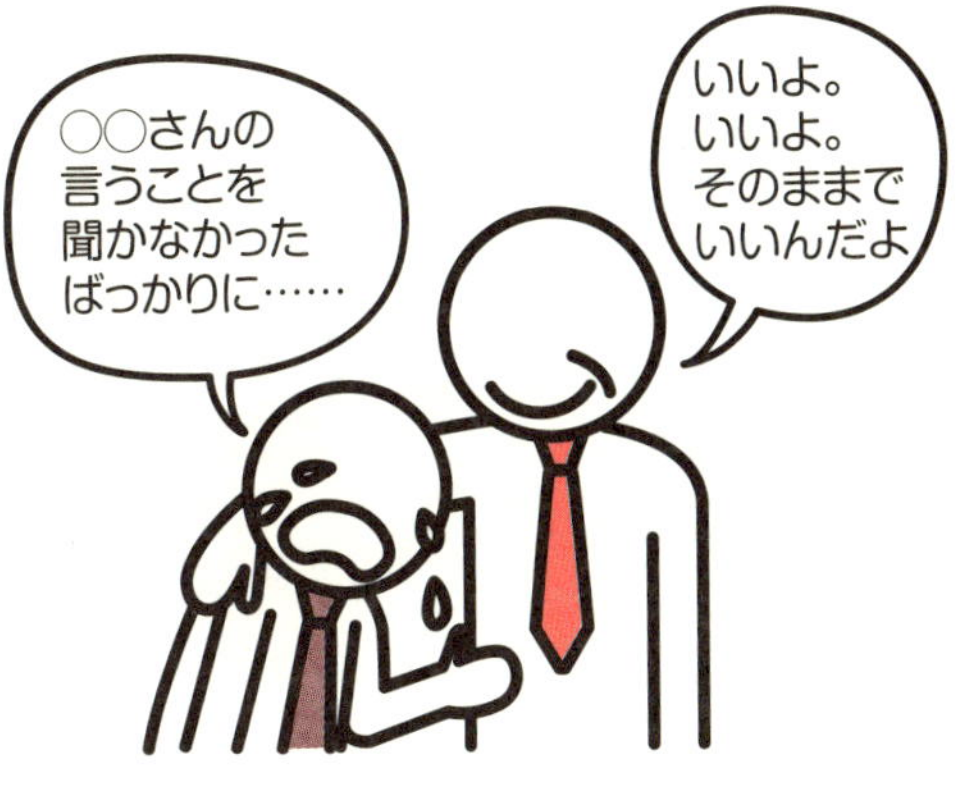
いいよ。
いいよ。
そのままで
いいんだよ
○○さんの
言うことを
聞かなかった
ばっかりに……

ほめて、
ほめて、
ほめまくる。

まず自分をほめる。

「国」も「物」も「命」も ほめる。

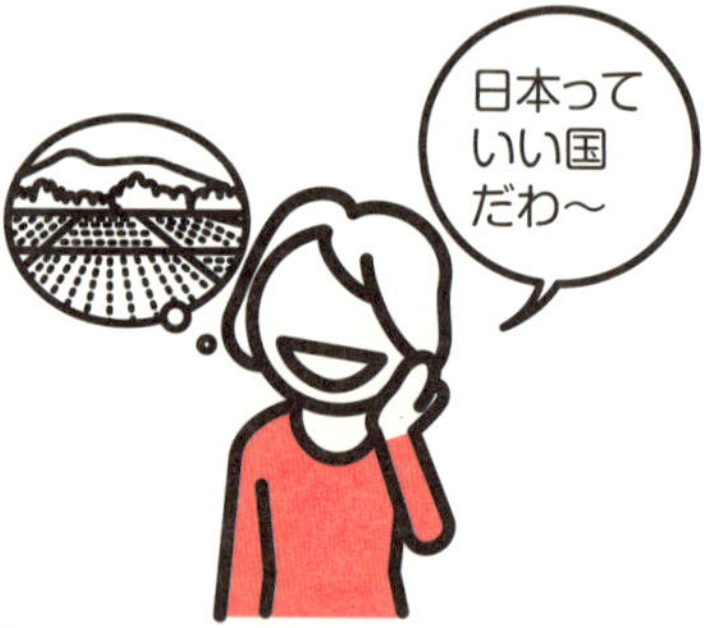
日本って
いい国
だわ～

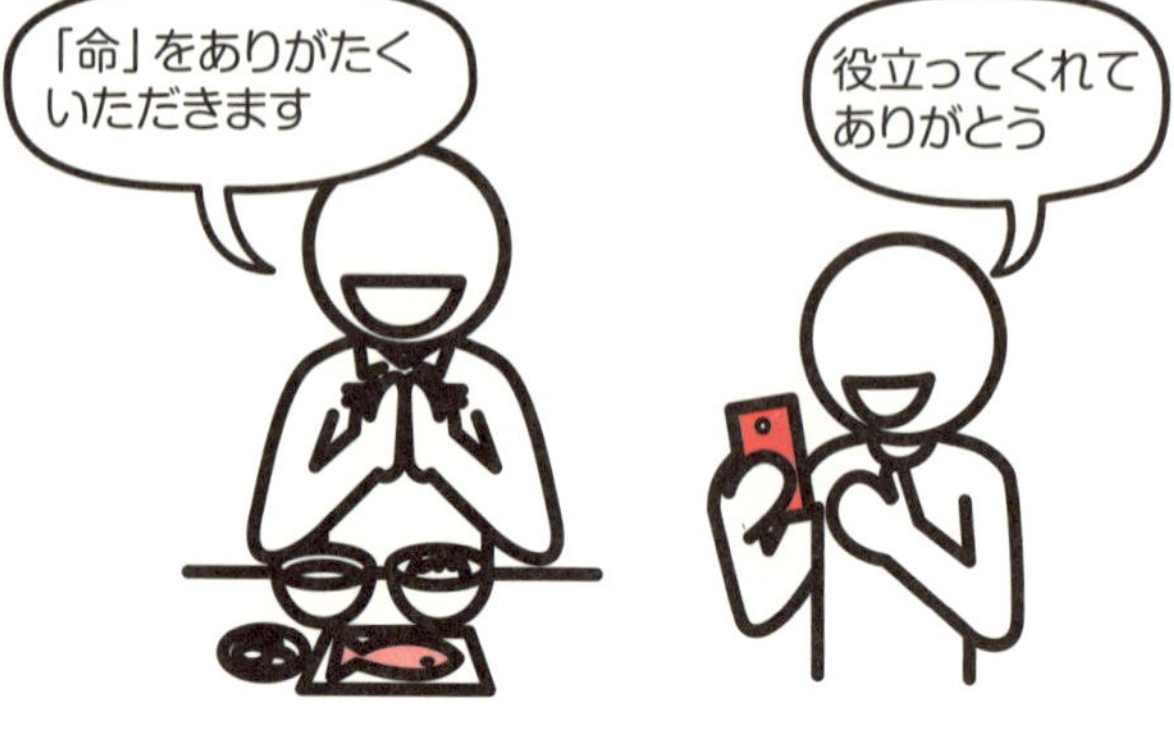
「命」をありがたく
いただきます
役立ってくれて
ありがとう

助けてもらった
恩は返す。

夜寝る前などに「感謝の時間」をもつ。

などなど……
お金を引き寄せる人の法則の
一部を紹介しましたが
いかがでしたか？

さあ、あなたも
一人さんや私と一緒に
「金運の扉」を
開ける旅に出かけませんか？

私たち一人さんの弟子は、全員この方法で大金持ちになりました

「あのね、世の中にはお金が流れる川があるんだよ。
その川にちょっと手を入れると、川の流れがスーッと入ってくるの。
どうだい。
その川に手を入れて、流れを変えてみないかい？」

これは、師匠である斎藤一人さんが出会って間もない頃、私にかけてくれた言葉です。

その頃の一人さんは学生で、特にお金持ちだったわけではありません。

私も北海道の田舎から高校を卒業して上京してきたばかりです。だから、一人さんが言ったことをまったく理解していませんでした。

それから数年後、一人さんは事業を始め、私もその仕事のお手伝いをさせていただくようになったのです。

その結果、一人さんは累計納税額日本一の大実業家に、私は年商35億円の「大セレブ」と言われるまでになりました。

これはまさに一人さんご自身が、「お金が流れる川」に手を入れて流れを変えたからであり、そのお手伝いをすることで、私のほうにも「お金」が流れてきたのです。

では実際に、一人さんはどのようにして「お金が流れる川に手を入れて、流れを変えた」のでしょうか?

本書では、私が一人さんに教えていただいて実践した「お金を引き寄せる法則」をわかりやすく解説します。

専業主婦の方でもできる「臨時収入や不労所得（働かないで得られる所得）が増える法則」から、「サラリーマンや事業家の方がさらに収入を上げるための方法」まで、幅広く網羅するようにつとめました。

「この本を読めば、必ずお金持ちになれますよ」と断言することはできませんが、少なくとも私たち一人さんの弟子は、この方法で全員が大金持ちになりました。

あなたもぜひ、お金の流れる川にそっと手を入れて、一緒に流れを変えてみませんか？

柴村恵美子

斎藤一人　天も応援する「お金を引き寄せる法則」　目次

お金は
持っている
だけで安心〜

5年後には
フェラーリを
買える大金持ちに
なるぞ〜

第2章

これで不安が消える！臨時収入がある「引き出しの法則」

君しか
できないよ～
君に頼んで
よかった～
君は
すごいね～

第3章

がんばらずに、豊かになれる「共感力の法則」

今日も
私キレイ～

特別付録

ものすごい勢いでお金持ちになる確率が上がる話

斎藤一人

1000

装丁：一瀬錠二(Art of NOISE)
本文イラスト：久保久男
出版プロデュース：竹下祐治
編集：越智秀樹(PHPエディターズ・グループ)

第1章

なぜかお金を引き寄せる人の共通点

01

お金に愛される人は、人からも愛されている

子どもに教育費がかかると思っていたら、臨時ボーナスが出た。宝くじに当選して車をぶつけた修理代が出た……世の中にはなぜかお金に困らない人がいます。一体、なにが違うのでしょうか？

なぜかお金を引き寄せる人がいます。

経営者なら資金繰《ぐ》りに困ることがなく、世間が不況でもなぜか事業がうまくいく。サラリーマンなら急な出費やお金が必要なときに、なぜかそれに合わせたかのように臨時ボーナスが出る。

専業主婦でも夫に臨時収入があったり、なぜか不労所得が入ってきて、お金に困らないんです。

こういう人たちには、ある共通した特徴があります。

それをひとことで言えば、

「お金に愛されている」ということです。

そのなかには意識して「お金に愛される行動」をしている人もいれば、無意識にそうしている人もいます。

私もどちらかというと、「お金に好かれよう！」と思ってなにかをしてきたというよりも、「結果的にそれがお金に好かれる行動になっていた」というほうが近いかもしれません。

◎なぜかお金を引き寄せる人の共通点

私が生まれ育ったのは、北海道の河東《かとう》郡上士幌《かみしほろ》町区画外15番外地という、まさに番地もない〝番外地〟です。

私のまわりにいる大人たちはみんな悪い人ではないのですが、グチをこぼす人や心配性、苦労性の人が多く、経済的にも精神的にも豊かな人が少なかったように思います。

そんな大人たちを見て育った私は、漠然と「お金持ちになりたい」と思っていました。ただ、どうすればお金持ちになって豊かになれるのかがわかりません。

そんな私が18歳で単身上京し、出会ったのが斎藤一人さんでした。

その当時の一人さんは、今のような大金持ちではありませんでしたが、逆にお金に困ってもいませんでした。

特に裕福というわけでもないのになぜか豊かで、そんな一人さんと一緒にいると、私まで豊かな気持ちになっていきます。

そしてなにより、一人さんはまわりの人たちに心から愛されていました。

お金って、お金そのものが動くわけではありません。人の気持ちや行動に伴ってお金も動きます。

そう考えると、「お金に愛される」ということは、**「人にも愛されている」ことだとわかります。**

今にして思えば、一人さんに教えてもらったことの一つひとつが、「お金に愛される行動」であり、「人にも愛される行動」につながっていったのだなと感じます。

なぜか「お金を引き寄せる人」の法則 01

❶ お金を引き寄せる人の共通点は、「お金に愛されている人」

❷ お金に愛される人は、「人からも愛される人」

02

お金を支払うときこそ「ありがとう」

あなたはレジで支払いをすませるとき、店員さんに無造作にお金を渡していませんか？　だとしたら要注意。お金持ちはお金を粗末に扱ったりしないものですよ。

それでは、具体的に「お金に愛される」ためにはどうすればいいのでしょうか？

臨時収入が入る人は、「金運がある」とか「ツイてる」といいますが、その「運」や「ツキ」は、どこかで売っているものではありません。

ではどうやって手に入れるかというと、まずはその習性を知る。

つまり、お金の本質を理解する必要があります。

ただ、これからお話しすることは〝世間の常識〟とはかなり違うかもしれません。

私はそれを「信じてほしい」わけではないんです。でも実際、私は一人さんにこのことを教わり、そして今では年商35億円の事業家になりました。

だから、「柴村恵美子さんはお金のことをこういう風に思って、それでお金持ちになったんだ」というようなご理解をいただければ幸いです。

それでは早速、本題に入ります。

あなたはお金をどんなものだと思っていますか？

「日本銀行が発行した紙幣であり、硬貨」

確かにその通りです。

間違いではありません。

でも私は、お金とは神様が人間に授《さず》けた最高のアイデアであり、神様の霊感そのものだと思っています。

◎財布はお金のホテル

「恵美子社長はどんな財布を使っているのですか?」とよく訊《き》かれるので、その質問にお答えします。

私はお気に入りのブランドの長財布を使っています。

特にこの色とかこの形といったこだわりはありませんが、基本的に私は、**財布はお金が休憩するところであり、お金のホテルだと思っています。**

だから財布にお札を入れるときは、種類と向きを揃えて入れるようにして、レシート類はこまめに整理し、なるべく余分なものは入れず、お金が財布のなかでリラックスできるように心がけています。

ちなみに私は、お金が落ちていたら1円や10円でも必ず拾います。なぜなら、**拾ったお金は「ツキ金」だからです。**

拾ったお金は「みんなのお役に立ってきてね！」という思いで、コンビニなどのレジ横に設置されている募金箱に入れます。

また、お金を拾ったら、**その〝親〟が必ずお礼に来てくれると信じています**。

1円玉の親は5円玉であり、その親は10円玉であり、50円玉、100円玉、500円玉であり、1万円札です。

今までもたくさんの子どもを救ってきたので、毎年、親である1万円札がたくさん来てくれるようになったと思っています。

それと、お金が入ってきてくれたときには感謝。さらに出ていくとき、使うときにも**「ありがとう」と言って、感謝の心で見送ります**。

このように、私はお金を粗末に扱うことは絶対にしません。呼ぶときも「金《かね》」などと呼び捨てにせず、**必ず「お金」と言います。**

なぜか「お金を引き寄せる人」の法則 02

❶ お金は神様が人間に授けた最高のアイデアであり、霊感そのもの
❷ 財布はお金の休憩所であり、お金のホテル
❸ お金はたとえ1円でも落ちていたら必ず拾う
❹ お金が入ってきたときも、出ていくときにも「ありがとう」
❺ 「金」と呼び捨てにせず、必ず「お金」と言う

03

できるだけ多くのお金を持ち歩く

「なくしたりするのが心配で、大金は持ち歩きません」という人は、多いのではないでしょうか？　でも、お金は豊かな波動を出すもの。適度な金額を持ち歩くことは、あなたの心を豊かにしますよ。

お金には不思議な力があります。

これは、私が一人さんの仕事を手伝い始めた頃の話です。

それまでは指圧の治療院だけをしていましたが、それに加えて一人さんのつくった健康食品の販売を始めると、「健康になった」とか「病気が治った」といった評判が評判を呼び、売上もおもしろいぐらいに増えていきました。

おかげさまで銀行に行けないほど忙しく、毎日、その日の売上を持って帰ってタンスの中にしまい込んでいました。

1日の仕事が終わると、クタクタになって家に帰り着きます。そこでその日の売上に加えて、貯まったお札を数えていると、疲れが吹っ飛んで元気になるのです！

お金からは豊かな波動が出ているので、その匂《にお》いを嗅《か》ぐだけで「もっと稼ぐぞ！」という気になり、さらに働きたくなる効果があります。

また実際に、一人さんの知り合いにもこんな経験をした方がいるそうです。

その方は病気になって、お医者さんから余命を告げられ、死の宣告を受けました。

それを聞いたその方は、家族に「家にあるお金を全部持ってきてくれ」と頼みます。そして、持ってきたお金を全部、自分の手で数えたそうです。

それを数えているうちに、「こんなにあるのに、使わないうちは死ねない」と元気になってきて、不思議なことにその病気も治っちゃったんだそうです。

◎できるだけ多くのお金を持って豊かな波動を出す

お金を、自分の家の壺などに貯め込んでいるご老人がいます。

まわりは「そんなに貯め込んでも、死んだらあの世に持っていけないから無駄だよ」と言いますが、そうは思いません。

そのご老人は、その貯めたお金から**「安心」を受け取っているのです**。

お金はなにも使うだけが価値ではありません。あるだけでも、その価値を発揮してくれます。

だから持ち歩くときでも、できるだけ多くのお金を持っていれば、それだけ「豊かな波動」を出すことができます。

それでも「盗《と》られたり、落としたり、なくすのが心配です」という人は、盗られたりなくしたりしても困らない額のお金を持ち歩くようにしましょう。

大金を持ってビクビクしていると、逆にマイナスの波動を出すだけですからね。

なぜか「お金を引き寄せる人」の法則 03

❶ お金は豊かな波動を出している。その匂いを嗅ぐだけで、人を働く気にさせる力がある

❷ お金は持っているだけでその価値を発揮する

❸ できるだけ多くのお金を持ち歩くと豊かな波動が出る

04

天も応援する「四方よし」の精神

「自分だけが儲《もう》かればいい」「自分は損してもいい」という考えではお金は引き寄せられません。自分も相手も、そして世間も神様も○《まる》をくれるような儲け方が、真のお金持ちになる秘訣なのです。

一人さんはよく、「これからは〝魂の夜明け〟の時代がくるよ」と言います。

これから人類は何十年か何百年かかけて魂の存在に気づき、本当の〝真理〟に目覚めるときがくるというのです。

そうなると「お金の稼ぎ方」も大きく変わってきます。

「魂の夜明け前」の時代では、極端にいえば心が貧しい人でも、いつも不機嫌な人でもお金を儲けることができました。

お金とは、人間でいえば血液のようなものですから、とにかく体の中を流れて循環させる必要があります。

それと同じで、経済が発展するまでは、とにかくお金は流れていないと循環できませんでした。だから、心が貧しくても不機嫌でも、お金を循環させようとしている人のところに流れていったのです。

でもこれからの時代は経済が成熟してきます。それに併せて多くの魂が目覚めていくと、神様の霊感であるお金は、より真理に沿って流れていくようになるのです。

◎自分にも相手にも世間にもよくて、神様が○《まる》をくれる仕事をする

経済では同じことは、二度起きません。

関東大震災のときに「もう、東京はダメだ」といって土地を手放す人が増えました。そして、その土地を安く買って大儲けした人がいたんです。

でも、阪神・淡路大震災や東日本大震災のときに同じようなことが起こったかというと、そうではありません。

時代はどんどん難しくなっていきます。でもその反面、儲け方はすごくシンプルになるのです。

なぜかというと、**「自分によくて、相手にもいい」ことでしか、本当に儲けることができなくなるからです。**

「自分だけ儲かればいい」とか、「自分は損してもいいから」というのが通じなくなるのです。

さらにいえば、これからの時代は「四方よし」の時代です。

「四方よし」とは、**自分によくて、相手にもよくて、世間にもよくて、それで神様が○《まる》をくれるような仕事のことです。**

一人さんは、まさにこの「四方よし」を常に実践して、時代の先取りをしているからこそ、ずっと成功し続けているのだと思います。

なぜか「お金を引き寄せる人」の法則 04

❶自分にもよくて、相手にもいいことでしか儲けることができない時代になった

❷さらには、自分にも相手にもよくて、世間にもよく、神様が○《まる》をくれるような「四方よし」の働き方が成功する時代になった

05

正しい欲を持つ人がお金を引き寄せる

欲を持つことはよくない、と思い込んでいませんか？　もちろん行きすぎた欲はよくありません。でも、健全な欲は「お金の健康」を保つ上で必要な栄養素なのですよ。

昔は「物がない時代」でした。

食べる物もその年の気候に大きく左右され、日照りが続いたり、逆に大雨で作物の収穫ができないことも頻繁《ひんぱん》にありました。

でも今は、作物も品種改良が進んで、農業も機械化が進み、より食物の安定供給ができるようになりました。

もちろん、今でも気候や災害に大きく左右される面はありますが、それでも貿易が盛んになり、世界中で助け合えるようになったのです。

だから、昔のような「物がない時代」の教えと、今のように「物が余る時代」の教えとでは、大きく変わってきて当然なのです。

宗教では、物欲や性欲や金銭欲を持つことは悪いことだと教えます。でもその教えは、お釈迦様が生きていた時代にできた教えです。

つまり、「物がない時代」の教えであり、「ない物を分け合わないといけない時代」の教えなのです。

でもこれからは違います。社会のルールが変わるのです。

これからは物欲も、性欲も、金銭欲も〝正しく活かす〟時代になります。

さらにいえば、物欲も性欲も金銭欲も神様がつけてくれたものですから、「なぜそれを神様がつけてくれたのか」ということに気づく時代になるのです。

◎「儲からなくていい」が、お金を遠ざける理由

ボランティア精神というのはとても大事ですし、すばらしい考え方です。

でも、これからの時代はやはり、「自分によくて、相手にもよいこと」しかうまくいかない時代になります。

先日も知り合いから、こんな話を聞きました。

その方はボランティア活動として、無償であるサービスを提供していたのですが、どうしても経済的に立ちゆかなくなり、先方に「サービスの一部有料化」をお願いしました。

そうすると相手からは、「お金を取るなら、もう来なくていい」と言われてしまったそうです。

このように「タダならいいけど、有料ならいらない」ということは、本当の意味で

役に立っていなかったのかもしれません。

だって、本当に必要なら、お金を払ってでもそのサービスを受けたいと思うはずです。

人間にとって「体の健康」と「心の健康」、それに「お金の健康」も絶対に必要なのです。

だからこれからは、「しっかりとお金を稼ぐ」という意識ももたないとダメな時代になってくるのです。

なぜか「お金を引き寄せる人」の法則 05

❶物欲も、性欲も、金銭欲も「正しく活かす」

❷「しっかりとお金を稼ぐ」という意識を持つ

06 願いを叶えるには、具体的な目標に落とし込んで行動を起こす

「願いは口に出せば叶《かな》う」とよく言われます。でも言うだけではダメなのです。願いは具体的な目標に落とし込んで、行動を起こすから叶うのですよ。

私たちがこの世に生まれてきたのは、「魂を成長させるため」です。お金持ちになるためではありません。

なかにはお金持ちになることで魂を成長させる人もいますが、それはあくまでお金を儲けるという行動の中で魂を成長させるためであって、お金の量で魂の成長が決まるわけではないのです。

今世でどれだけお金を貯めても、あの世に持っていくことはできません。持っていけるのは行動した記憶だけなのです。

お金が儲かるとうれしいのは、それが人から喜ばれた結果だからです。そしてその人から喜ばれた記憶は、あの世に持っていくことができます。

私は仕事が大好きです。そして、人が大好きです。

人が大好きだから、人に喜んでもらう手段としてさらに仕事が大好きになります。それで人に喜んでもらえれば人に愛され、その結果、お金にも愛されることになるのです。

本来、お金を稼ぐことはすごく楽しいことです。その楽しさを知るためにも、まずは、目標を持って行動することが大事なのです。

◎口に出すだけではダメ。行動するから神様のメッセージが降りてくる

よく、「口に出して言えば願いは叶う」と言いますが、口に出すだけでは足りません。

願いをまず、具体的な目標にするのです。そうすると行動の指針が生まれます。その指針にしたがって行動していると、神様のメッセージもどんどん降りてくるのです。

行動すると結果が生まれます。その結果がよければ続けて、悪ければ改良する。改良し続ければどこまでもよくなります。

私たちは魂の成長のためにこの世に生まれてきました。その成長に欠かせないのが行動であり、体験です。それが成長の道であり、成功の道なのです。

夢を叶えるのも、お金持ちになるのも、そこに行動と体験と魂の成長が伴わなければ、何の意味もないのです。

なぜか「お金を引き寄せる人」の法則 06

1. 私たちがこの世に生まれてきたのは、魂を成長させるため
2. 人に喜んでもらえれば人に愛され、お金にも愛される
3. 願いは具体的な目標に落とし込む
4. 夢を叶えるためには、「行動・体験・魂の成長」が必要

07

自分の仕事を愛している人に、お金は引き寄せられる

あなたは自分の仕事が好きですか？　「あんまり好きじゃない」「できれば転職したい」「働きたくない」……。ちょっと待ってください。お金は自分の仕事を愛している人が好きなんです。

スポーツは、趣味で楽しむレベルから町内会で競うレベル、そして県大会や国の大会で競うレベルから、世界大会で競うレベルまであります。

お金を儲けるのもある意味、これと同じです。

よりたくさんのお金を儲けようと思えば、それだけ競うレベルも上がって、それだけ難しくもなります。

では、お金を儲けるのはやっぱり大変かというと、それは本人次第なんです。

たとえばスポーツでも、世界で活躍するトップアスリートは、寝ても覚めても自分のプレーのことを考え、自分を鍛《きた》えることを怠《おこた》らないそうです。

それをはたから見たら「大変だなぁ」と思うかもしれませんが、本人は好きだからしているのです。だからつらい練習も苦にならないのだと思います。

だから、「テニスは好きだけど、つらい練習には耐えられない」という人は趣味で楽しめばいいですし、「テニスなら、1日中していても苦にならない」という人は、競ってさらに上を目指せばいいのです。

それはどちらが偉いとか、比べるものではありません。

だからまず、お金を儲けたいなら **〝どのレベル〟で儲けたいかを明確にすること**

と、それを続けるためにはやはり、その仕事をそれだけ愛せるかが大切です。

◎人のことを理解している人がお金を引き寄せる

一人さんは商人の金メダリストだと、私は思っています。

一人さん自身は日本という国が大好きだから、海外でのビジネス展開にはまったく興味がありませんが、もし一人さんが世界進出したとしたら、絶対世界トップクラスの事業家になると確信しています。

なぜならやっぱり、一人さんは仕事が大好きだからです。それと、人のことが好きで好きで仕方がないのです。

サッカー選手はサッカーのことが大好きで、サッカーのことをとことん調べて理解しようとします。

それと同じで商人は人を相手にするので、人のことをとことん理解する必要があるんです。

お金を儲けるのも、しあわせになるのも、人のことを深く知らないとうまくいきません。

そう考えると、なぜ「一人さんの教え」を学ぶと経済的にも精神的にも豊かになれるのかがよくわかります。

せっかく、私にはこんなにステキな金メダリストが身近にいるのだから、これからもさらに一人さんから多くを学び、もっと多くのことをみなさんにお伝えしていきたいと思っています。

なぜか「お金を引き寄せる人」の法則 07

1. お金を儲けたいなら〝どのレベルで儲けたいか〟を明確にする。そのために仕事をとことん愛する
2. 人のこともとことん理解しようとする

第2章

これで不安が消える！臨時収入がある「引き出しの法則」

気配り
手先が器用
おおらか
君のいいところはココだよ～

08

「お金は限りなくあるものだ」と考える

「金儲けは汚い」「なにか特別なことをしないとお金持ちにはなれない」……そう思い込んでいませんか？　ここではそうしたお金に対するメンタルブロックを取り除く方法をご紹介します。

冒頭でもふれたように、一人さんは私に「お金が流れる川に手を入れて流れを変えてみないか？」と言いました。

もちろんですが、実際に「お金が流れる川」が存在するわけではありません。

ではなぜ、一人さんがこのような〝たとえ〟を使ったかというと、こんな理由がありました。

「お金が流れる川」には、お金だけが流れているわけではありません。そこには人の思いや経済のシステムがあって、そうしたものを含めて〝流れ〟をつくっています。

その〝流れ〟に気づくことは、商人としてとても大切なことです。

それともう一つ、重要なことがあります。

それは、**「お金は限りなくあるものだよ」ということです。**

「お金には限りがある」と思っていると、お金を稼ぐときに「限りあるものを奪い合う」ような気持ちになってしまいます。

それよりも「お金は川の流れのように、限りなくあるものだ」と思っていると、自分の手腕一つでいくらでも稼げる気になりますよね。

お金をもてない人の多くは「金儲けは汚いことだ」とか「なにか特別なことをしな

いと金持ちにはなれない」といったような、お金に対する間違った認識を持っています。

こうしたお金に対する〝メンタルブロック〟を取り除かない限り、お金を持つことはできません。

そのことを知っていた一人さんは、「お金が流れる川」をイメージさせることで、私のメンタルブロックを外してくれたのです。

◎お金をいくらでも引き出せる「引き出しの法則」

ちなみに、この「お金が流れる川」の〝たとえ〟は、どちらかというと事業家や起業家向けの表現です。もう少し一般の方にもわかりやすいたとえで言うと、一人さんは私たち弟子に、お金をいくらでも引き出せる「引き出しの法則」を教えてくれました。

具体的に言うと、一人さんは私たち弟子の欠点や悪いところを直すことよりも、**私たちの中にあるすばらしいものを〝引き出し〟てくれたのです。**

たとえば私は昔、〝チョロ松〟と言われるほど、落ち着きのない性格でした。

一人さんと出会ったときは欠点だと思っていた性格を、一人さんは見事に仕事で活かせるよう引き出し、〝落ち着きのなさ〟を〝スピード〟や〝行動力〟に変換してくれたのです。そのおかげで、どんどんよい結果につながっていきました。

そして一人さん自身も、自分の欠点や悪いところを直すことよりも、自分の中にあるすばらしい才能を〝引き出し〟たからこそ、大成功をおさめることができたのです。

この「引き出しの法則」は、人に対してだけではなく、物や場所など、あらゆるものに応用が可能です。

一見、直接お金に関係ないように思われるかもしれませんが、この「引き出しの法則」は、才能や利点、価値など、〝お金に変わるもの〟を引き出してくれるのです。

なぜか「お金を引き寄せる人」の法則 08

❶ お金の〝流れ〟に気づく

❷「お金は限りなくあるものだ」と認識する

❸ お金に対するメンタルブロックを取り除く

❹ 自分や他人、あるいは物や場所のすばらしい点を引き出す「引き出しの法則」を身につける

09

「だれでもすごい才能を持っている」と信じる

どうしても相手の悪いところが目についてしまうことってありますよね。でも、どんな人にもすばらしい才能や魅力があるものです。それを信じて相手と接すれば、関係が劇的に変わります。

一人さんはとにかく、この「引き出し」の天才なんです。

私たち弟子は全員、タイプも性格もバラバラです。いい大学を出たわけではなく、なにか特別な才能や特技を持っていたわけでもありません。

その弟子たち全員が大金持ちになったのは、すごいことです！

さらには一人さんの本を読んだり、講演会のＣＤを聴いたりして一人さんの教えにふれた方たちの中からも、その人の〝いいもの〟が引き出された結果、「問題が解決した」「お金に困らなくなった」「仕事で成功した」という人が続出しています。

その人たちは会社経営者やサラリーマンだけではなく、普通の主婦や学生までいて、年齢も幅がすごく広いんです。

そしてこの「引き出しの法則」のすごいところは、**引き出した人が豊かになるだけではなく、引き出された人まで豊かになるということです。**

だからこそ一人さんは、事業で大成功をおさめただけでなく、パーティーや講演会を開くとすぐに満席になるほど、「一人さんに会いたい！」という熱狂的なファンが全国に何万人といるのです。

◎だれに対してもまったく態度を変えない一人さん

ではなぜ、一人さんは多くの人の才能や魅力を引き出せるのでしょうか？
それを一言でいえば、**「人を信じている」からです。**
一人さんは神様のことを信じています。
ここでいう神様とは特定の宗教の神様ではなく、この宇宙を創造した存在のことです。
そして一人さんは、こういう風に信じてるんです。

「人間は神様がつくった最高傑作。
だから、ダメな人間なんて1人もいないの。
神様の最高傑作である私には、すごい才能がたくさんある。
それと同じで、あなたにもすごい才能がたくさんあるんだよ。
なかにはそのことに気づいてない人がいるけど、『引き出し』の中にしまい込まれ

た〝すごい才能〟や〝魅力〟に気がつけば、だれもが光り輝く存在になれるんだよね」

つまり一人さんは、その人の「引き出し」にしまい込まれた隠れた才能や魅力に気づいて、それを引き出すのがすごく上手なんです。

そして、だれに対しても「この人はすごい才能を持った人なんだ」と思って接するので、〝分け隔《へだ》て〟がまったくありません。

はじめて会う人に対しても、いつも会う人に対しても、地位や名誉のある人にも、そうでない人にも、だれに対しても態度をまったく変えることなく接します。

たまたま入った食堂の店員さんにもやさしいし、旅行先で偶然出会った人にも親切なんです。

なぜか「お金を引き寄せる人」の法則 09

1 どんな人にも「すごい才能がたくさんある」と信じる
2 その人の「引き出し」にしまい込まれた才能を引き出す努力をする
3 どんなに偉い人であろうが、偶然道で会った人であろうが、人によって態度を変えない

10

相手を変えようとせず、そのままを認める

時間ぐらい守ってほしい、挨拶ぐらいしてほしい……私たちはつい相手の悪いところを見て、それを直そうとしてしまいがち。でも、そんなときこそ自分を変えるチャンスなのです。

それでは具体的に、一人さんから教わった「相手も自分も豊かになる引き出しの法則」をご紹介していきます。

まず一番大事なことは、**「相手を変えようとしない」ということです。**

相手を変えようとすると自分がものすごく疲れますし、それだけ努力して、はたして相手が変わるかというと、ほとんどの場合変わりません。

相手を変えようとする行為は、**相手の開けてほしくない「引き出し」を開けるようなものなのです。**

だから、変えようとされた側は、あなたから「否定された」という印象を持ってしまいます。

それよりも、相手を変えようとせずに「そのままでいいんだよ」と認めて、相手のいいところを引き出そうとすればいいんです。

そうすれば、不思議と「変わってほしい」と思っていた「引き出し」が気にならなくなります。

◎相手を変えようとする前に、自分を変える

それでも、どうしても相手に変わってほしい場合にはどうすればいいのでしょうか。

もちろん、「こうしたほうがいいと思うよ」とアドバイスすることはいいことです。それでも変わらないのだとしたら、その人はそのままがいいんです。

「でも、それでは相手が困る」と思うかもしれませんが、相手はなぜか困らないんです。そして本当に困るときがきたら、そのときが「学ぶとき」であり、「変わるとき」なんです。

それと相手を変えたいと思ったときは、そのことでまず、**自分を変えることを考えてみてください**。

たとえば、アドバイスをしても変わらないのだとしたら、その言い方や方法を変えてみるんです。そうすると、あなたはアドバイスの技術が上達します。

「人のふり見て我がふり直せ」ということわざがあるように、相手の行動で気になる

ことが、実は自分の直すべきところだったりもするんです。

だから相手に直してほしい、変わってほしいと思うところがあれば、まずそのことで自分を変えることを考えてみる。

すると、あなたの新たな「引き出し」が開かれて、結果的にあなたにも、相手にもいいことが起こるのです。


なぜか「お金を引き寄せる人」の法則 10

1. 相手を変えようとしない。「そのままでいいんだよ」と相手を認める
2. 相手を変えたいと思ったら、まず自分を変える

11

人をほめて、ほめて、ほめまくる

「ほめるのはどうも苦手で……」という人、結構多いと思います。
でも、人をほめれば回りまわってあなたのもとに返ってきますよ。
さあ、今日からあなたもほめ上手になってみませんか。

私が事業家として大成功した要因は、三つあると思っています。

一つ目は一人さんに出会えたこと。

二つ目は一人さんに教えてもらったことを素直に受け取り、それを行動につなげたこと。

そして三つ目は私自身が、「仕事が大好きだった」ということだと思います。

多くの人は「生活のために」とか、「遊ぶために」仕事をするのでしょうが、私の場合は「仕事が大好きだから仕事をする」のです。

では、なぜ私が「仕事が大好き」になったのかというと、それは母が私を〝ほめて〟くれたからです。

私は小さい頃から母が営《いとな》む雑貨店を、毎日手伝っていました。

すると母はいつも「えみちゃん、ありがとうね。助かるよ」と言って、私をほめてくれたのです。

そうやって母がほめてくれたおかげで、私は仕事が大好きになりました。

思えば一人さんも、私をほめて指導してくれました。私は母に、そして一人さんにほめてもらって、自分の中にある、たくさんの魅力を引き出すことができたのです。

◎「ほめる」を〝おべっか〟や〝ごますり〟にしない方法

相手も自分も豊かになる「引き出しの法則」では、とにかく「ほめる」に始まり、「ほめる」に終わるといっても過言ではないくらい、**「ほめる」ということが重要です。**

「ほめる」と言うと、なかには「相手に〝おべっか〟を使いたくない」とか、「まわりに〝ごますり〟みたいに思われるのはイヤだ」と言う人がいるかもしれません。

でも「ほめる」とはまさに相手の「いい引き出し」を開ける行為であり、相手にとってもあなたにとっても「運を開く扉」なのです。

〝おべっか〟や〝ごますり〟に思われるのは、利害関係のある人だけをほめるからです。

そうではなく、上の人にも下の人にも、ずっと一緒にいる人にもその場限りの人にも、変わらずほめればいいのです。

「その場限りの人をほめても、何の得もない」と思われるかもしれませんが、少なく

ともその場はいい雰囲気になりますし、そうした「利害関係のない人をほめる行為」は、必ず回りまわってあなたのもとに返ってきます。

◎私がタクシーに乗るたびに運転手さんをほめる理由

今まで私が出した本にも度々書きましたが、私はタクシーに乗ったときは必ず運転手さんをほめるようにしています。

たった数分か数十分の間のことですが、お互いに気持ちよく目的地まで行きたいですし、相手をほめることでその場をとても〝楽しい場〟にすることができます。

それにもし、運転手さんがイライラしていたり不機嫌だったりすると事故にもつながりかねないので、私は安全運転をしてもらうためにもほめるようにしているのです。

ただ、なかにはなかなかの〝強者《ツワモノ》〟がいます（笑）。

すご～く暗かったり、どうほめていいのか思いつかないような人もときにはいるのです。

そういうときは、**「修行が来た！」と思って、その運転手さんをほめるようにしています。**

タクシーは私にとって大切な移動の手段であるとともに、「ほめる」の練習場でもあるのです。

なぜか「お金を引き寄せる人」の法則 11

❶「引き出しの法則」では、とにかく「ほめる」のが最重要ポイント

❷ずっと一緒にいるパートナーも、たまたまパーティーで知り合っただけの相手も分け隔てなく「ほめる」

❸タクシーの運転手さんなど、利害関係が薄くてその場限りの人を相手に、「ほめる」練習をする

12

最初に、自分を「ほめる」

なぜ最初に自分を「ほめる」のでしょうか？　実は他人をほめてばかりいると自分が卑屈になってしまうんです。そこで、自分をほめてから他人をほめる。この順番が大事なのです。

「ほめる」ことで一番大事なのは、**「最初にまず、自分をほめる」ということです。**

自分をほめずにまわりの人ばかりをほめていると、だんだん自分が〝卑屈〟になってしまいます。

それよりも、心の中で十分に自分のことをほめた上でまわりの人たちをほめると、自分が〝謙虚〟になれるんです。

ほめられる側も自分に自信がない人に、「あなたはすごいですね」とほめられるより、自信があって活躍している人に、「あなたはすごいですね」ってほめられたほうがうれしいですよね。

自分をほめていると、どんどん自分のいいところが引き出されるんです。

だから「朝、ちゃんと起きられた私はえらいね」とか、「笑顔で挨拶できる俺ってえらいよな」とか、とにかく日常のささいなことでもいいから自分をほめる。

そうすると、また自分をほめたくなって、それが次の「自分をほめたくなる行動」につながっていくんです。

◎「上気元」になると自分だけでなく、相手のいいところも引き出せる

自分のことをほめているといいところが引き出されて、自分の機嫌もよくなり、〝気〟も上がります。つまり、「上気元」になれるのです。

「上気元」については、前著『斎藤一人　天とつながる「思考が現実になる法則」』や『斎藤一人　天が味方する「引き寄せの法則」』（ともにＰＨＰ研究所）などでも書きましたが、とても大切なことです。

人が不機嫌なときって、自分のイヤな面を引き出しているようなものです。だからうまくいかないし、相手にも悪い印象を与えます。

中機嫌なときって、悪いところは引き出されていませんが、いいところも引き出されていません。

これが「上気元」になると、自分のいいところが引き出されるだけでなく、相手のいいところも見えてきて、お互いにいいところを引き出し合えるようになれるのです。

なぜか「お金を引き寄せる人」の法則 12

❶まず、自分をほめる

❷「朝、ちゃんと起きられてえらいね」といったささいなことから自分をほめる

❸自分で自分をほめて「上気元」になると、相手のいいところも見えて、いいところを引き出せるようになる

13

「人」だけではない。「物」や「場所」もほめる

ほめる相手は人だけではありません。いつも使っている携帯電話や、自分が住んでいる国・地域も、食べ物もすべてほめる。身の回りの物をほめて大切にすれば、必ずいいことが起こりますよ。

「ほめる」のは、自分やまわりの〝人〟だけではありません。

言葉のわからない動物はもちろん、物や場所もほめればいいところが引き出されるのです。

パソコンや携帯電話などの機械類や、使い捨てカミソリなども「役に立ってくれてえらいね」と、ほめて使えば長持ちするだけでなく、性能も上がります。

「気のせい」と言われればそれまでですが、**「ほめる」ことは「大切にする」ことでもあるのです。**

どんなものでも粗末に扱われるよりは、大切に扱われたほうがいいに決まっていますよね。

◎「3ほめ」で引き出し力がグンとアップ！

過去の本にも書きましたが、私は常に「3ほめ」を意識しています。

まずは「国ほめ」です。

自分の生まれた国をほめ、海外旅行に行ったらその国のことをほめ、外国の方に会ったらその国のことをほめましょう。

さらには、自分の住んでいる都道府県や場所もほめるのです。どこにいても〝その場〟をほめられる人は、商売をしてもうまくいきます。

そして、「物ほめ」。

一流のアスリートはみんな、道具をすごく大事にします。逆にいえば道具の大切さがわかっているからこそ、すばらしい活躍ができるのです。

そして最後は「命ほめ」。

私たちが食べているものは、すべて「命」です。私たちは他の「命」をもらって生きているのです。

「命」に不必要なものは何一つありません。すべてが神様の与えてくれたすばらしいものです。

だから私たちは「命」をほめて、ありがたくいただき、「命」を育《はぐく》み、また次の世代へと「命」をつないでいかなければならないのです。

なぜか「お金を引き寄せる人」の法則 13

1. 「人」だけでなく、「物」や「場所」もほめる
2. 「ほめる」＝「大切にする」。何事も大切にする意識を持つ
3. 「3ほめ」＝「国ほめ」「物ほめ」「命ほめ」を意識し、自分の中のいいところをどんどん引き出す

14

よく知らない人や、その場限りの人にも感謝する

よく知らない人や、その場限りの人に感謝して何の得があるの？　そう思われる方もいるでしょう。それが回りまわってあなたの収入に関係してくるんです。

「ほめる」というと、なかなかハードルが高くて「自分にはできないなぁ」と思うかもしれませんが、これを「感謝する」に変えてみるとどうでしょうか。

まずは日頃から感謝したいことを思い浮かべてみてください。

それは人であったり、動物であったり、物であったり、場所であったり、出来事であったり、様々なものが思い浮かぶはずです。

考えれば考えるほど、自分は多くの恩恵を受けて生きていることがわかります。

そうしたことに感謝の念を持つだけでも、いろんなことが違ってくるのです。

そして次は、その思いを口に出して言ってみましょう。

その都度、思いついたときに口に出して言ってみるのもいいですし、1日に何度か、たとえば朝起きたときや寝る前に「感謝する時間」を決めて、そのときに言ってみるのもいいでしょう。

そしてやはり一番いいのは、**直接「感謝の気持ち」を伝えることです**。

物や場所などは簡単ですが、それが人となると途端に難しくなります。照れもあるでしょうし、改めて口にするのは気恥ずかしいものです。

でも、思い切って「感謝の気持ち」を相手に伝えてください。

人に感謝の気持ちを伝えることは、「あなたにはこんなにすばらしい〝引き出し〟がありますよ」と知らせてあげることでもあります。

そうすれば、相手のいいところも引き出され、さらに、あなたのいいところも引き出されるのです。

そのことで、人は自信が持てたり、やる気が出たり、自分の能力や魅力に気づけるのです。

◎人に感謝された数だけお金を引き寄せる

人は、「感謝されたい生き物」です。

感謝されることで自分の価値を見出し、そこに喜びを感じるのです。

だから、人は「感謝してくれた人」を大切にしようとします。

「感謝された数」と「感謝した数」は、一見何の関係もないように思いますが、実はこの二つには密接な関係があるのです。

「感謝した数」が少なくなると、「感謝された数」も減っていきます。逆に、「感謝した数」が増えると、なぜか「感謝された数」も増えていくのです。

だから人から感謝されたければ、まず自分が感謝する。

知らない人でも、その場だけの人にでも感謝していると、それは回りまわって必ずあなたのもとに戻ってくるのです。

一人さんは**「成功とは感謝された数だよ」**と言っています。

自分の魅力に気づき、多くの人に感謝された数だけ、あなたのところに人が集まってきます。そして、人が集まってくるところに、お金も集まってくるのです。そのことが、一人さんの言う「お金の流れ」を引き寄せることになるのです。

なぜか「お金を引き寄せる人」の法則 14

❶ 身の回りのことに「感謝する」

❷ 人、動物、物、場所、出来事……あなたが恩恵を受けているすべてのことに感謝の念を持つ

❸ 朝起きたとき、夜寝る前などに「感謝する時間」をつくる

❹ できるだけ口に出して、直接相手に「感謝の気持ち」を伝える

❺ 知らない人やその場限りの人にも感謝していると、いずれあなたのもとに感謝されるようなことがやってくる

第3章

がんばらずに、豊かになれる「共感力の法則」

○○さんの
言うことを
聞かなかった
ばっかりに……
いいよ。
いいよ。
そのままで
いいんだよ

15

人もお金も引き寄せる「共感力の法則」

「自分さえよければ」ではうまくいきません。また、「相手さえよければ」でもうまくいきません。自分にもよくて相手にもよい「共感力の法則」をお教えしましょう！

自分が持っているいいところを引き出すためにも、そして相手の持っているいいところを引き出すためにも、まずはそこに気づく〝感性〟が必要です。

仕事や人間関係、そしてお金を稼ぐ場合にも感性が鈍いとうまくいきません。

この感性のなかでも特に共感する力、つまり**「共感力」が最も大事だと私は思います。**

共感力はもともと、人間だけが持っている特性なのです。共感力があるからこそ、人は様々な創造的活動ができます。

共感力の高い人は、人間関係がとても良好です。

相手の気持ちに立って行動することができるので、まわりの人たちから好かれます。

愛する人の求めにも応じることができるので、大切な人から愛されます。

家庭でも職場でも、コミュニケーションがとてもうまくいくので、トラブルもなく、ストレスをためることもありません。

顧客のニーズを仕事に活かすことができ、部下にも上司にも信頼されて仕事もとてもうまくいきます。

このように、共感力があれば仕事も人間関係もうまくいき、しあわせと豊かさの両方を手にすることができるのです。

◎「自分によくて、相手にもよいこと」しかうまくいかない

一人さんはよく、**「これからの時代は自分によくて、相手にもよいことしかうまくいかないよ」**と言います。

昔は、権力を持った人が支配する時代がありました。

そのときは、「自分のことしか考えていない」人が民衆を支配し、民衆は「自分のことしか考えることができない」時代だったのです。

そんな時代だから「自分のことを犠牲にして、相手のことを考える」という精神がとても尊ばれました。

でも、そんな時代はもう終わったのです。一部の国ではまだ権力者の支配は続いていますが、時代の流れは確実に「自分によくて、相手にもよいことしかうまくいかない」時代に突入しています。

だから、これからは**「自分にもよくて、相手にもよいこと」がわかる「共感力」を持った人が成功する時代なのです。**

なぜか「お金を引き寄せる人」の法則 15

❶ 相手の立場に立って行動することができる、「共感力」を持った人が成功する

❷ 共感力があれば人間関係がうまくいき、得意先にも信頼される。だから、しあわせと豊かさの両方が手に入る

❸ 「自分にもよくて、相手にもよいこと」しかうまくいかない時代だからこそ「共感力」が大切

16

「自分には価値がある」と思える人は、共感力が高い

共感力が大切なのはわかったけれど、どうすれば高まるの？
実は、「自分には価値がある」と思える人ほど共感力が高いんです。

ただ相手の気持ちがわかるだけでは、共感力とはいえません。

たとえば相手に悲しいことがあって落ち込んでいるときに、同じように一緒になって悲しむだけでは、ただの〝同情〟です。

悲しんでいる相手の気持ちを理解し、その気持ちに寄り添い、なおかつ相手がその悲しみから立ち直る手助けができる人こそ、共感力が高い人と言えます。

ではどうすれば、共感力を高めることができるのか。

そのためにはまず、**「自己重要感」を高める必要があります**。

心理学的な言葉の定義はわかりませんが、私が言う「自己重要感」は、簡単に言えば**「自分には価値がある」と思うことです**。

「自分には価値がない」と思っている人は、相手の価値も正しく判断することができません。

自己重要感があってこそ、はじめて相手の価値も正しく見えて、共感することができるのです。

◎成功したから楽しいんじゃなくて、楽しいから成功したんだよ

一人さんはよく**「成功したから楽しいんじゃなくて、楽しいから成功したんだよ」**と言います。

これと同じで、まずは「自分には価値があるんだ」という〝心の豊かさ〟がないと、相手の心に共感できないばかりか、物質的な豊かさを引き寄せることもできません。

一時的に成功したりお金が入ってきても、「自分には価値がないから、きっと裏切られるんじゃないか」とか、貧しい心から猜疑心《さいぎしん》や疑心暗鬼《ぎしんあんき》が生じ、その結果心が豊かになれないのです。

だからまずは自分の価値に気づくこと。

自分のことを大切に思えるから相手のことも大

切に思えるし、自分のことが大好きだから相手のことも大好きになれるし、自分にやさしいからこそ相手にもやさしくできるのです。

なぜか「お金を引き寄せる人」の法則 16

❶ 共感力を高めるには、「自己重要感」を高めること

❷ 自己重要感を高めるには、「自分には価値がある」と思うこと

❸ 「自分には価値があると思える人」＝「心の豊かな人」。つまり、相手の心に共感できる人であり、そのような人に物質的な豊かさがやってくる

17

「がんばらなければ価値がない」と思い込まない

「厳しい時代なのだからもっとがんばらないと」「あの人もがんばってる。自分も……」——その気持ちよくわかります。でも、あなたには、がんばってもがんばらなくても十分な価値があるのです。

学校ではテストの点数や成績、会社では学歴や実績でその人が判断されます。すべてが数値化された価値観で、人の優劣が決まるのです。

その影響か、「自分には価値がない」と思い込む人が増えています。

なかでも「がんばらないといけない、がんばらない自分には価値がない」と思い込む、「がん価値症候群」の人が非常に増えているのです。

がんばることでなにかを成し遂げることはとてもいいことです。しかし、「がんばらない自分には価値がない」と思い込んでいると、なにかを達成しても心が安らぎません。

それどころか、「もっとがんばらないと価値がない」などと、自分をどんどん追い込んで、さらに無理をしてしまいます。

そうして、心や体の限界まで自分を追い詰めてしまうのです。

こうした「がん価値症候群」から抜け出すためにも、「がんばっても、がんばらなくても、そのままの自分に価値がある」ことに気づかないといけません。

◎「がんばれば」といった条件をつけてはダメ。「そのまま」を認めること

「いじめ」が起きるのも共感力が低下している証拠です。

相手の気持ちに共感すれば人をいじめることはしませんし、いじめを見て見ぬふりをすることもありません。

いじめをしてしまう子は自己重要感が足りていないのです。だから、人をいじめることで「自分はこいつより価値があるんだ」ということを誇示しようとします。

また、いじめられる子も自己重要感が足りていない子が多いため、標的として狙われやすいのです。

それは子どもの世界だけではなく、大人の社会でも「モラハラ」や「パワハラ」といった形でいじめが深刻化しています。

こうしたいじめの連鎖を止めるためにも、大人が子どもたちに「あなたには価値があるんだよ」ということをしっかりと伝えていかなければなりません。

それも、条件つきではダメです。

「テストの点数がよければ」とか、「かけっこで勝てば」とか「親の言うことをよく聞いてくれれば」とか「がんばれば」というような条件を一切つけずに、「あなたにはそのままでも、十分価値があるんだよ」ということを伝えるのです。

一人ひとりにちゃんとこのことを伝えることで、いじめが減るだけでなく、この世がまた一歩、天国に近づくでしょう。

なぜか「お金を引き寄せる人」の法則17

❶ がんばらないと価値がないと思って、自分を追い込まない
❷ がんばってもがんばらなくても、「自分には価値がある」ことに気づく
❸「もっとがんばれば」という条件をつけない。そのままのあなたで十分価値がある、と大切な人や子どもに伝える

18

人に個性があるのは、「それぞれ相手の価値に気づいて助け合うため」

嫌いな相手のイヤなところはどこですか？　短気なところ？　感情的になるところ？　でも、人間はお互いの至らないところをカバーし合いながら生きているのです。

子どもたちに、そして大切な人に「あなたには価値があるんだよ」ということを伝えるためにはまず、「私には価値があるんだ」ということを〝知る〟必要があります。

価値には大きく分けて二つあります。

一つは「絶対的価値」で、もう一つは「相対的価値」です。

まず「絶対的価値」とは、〝命の尊さ〟です。

一人ひとりの命には絶対的な価値があり、その重さは比べることができません。

さらにいえば、私たちの命は神様の「分霊《わけみたま》」です。だから、神様から見たら私たち人間すべては等しく我が子であり、価値ある存在なのです。

だからまず、この絶対的価値を知ること。

「私には絶対的な価値があるんだ」ということがわかれば、そこから自信と勇気が生まれます。

そして相手にも絶対的な価値があることがわかれば、もっと人にやさしくできるのです。

◎短所も長所も個性。それらをどう活かすか

次に「相対的価値」について説明します。

〝相対的〟とは、相手がいてはじめて価値がわかるものです。または比べる対象があるからこそ、その価値がわかります。

神様は、私たちにこの「相対的価値」をたくさんつけてくださいました。だから私たちは、それに気づいて活かさないといけません。

でもこの相対的価値は、比べるものや比べ方によって価値が発揮されたり、されなかったりします。

たとえばあなたが「飽き性」だとします。飽き性の人は飽きるのが早いから、次から次へとおもしろいことや楽しいことを探そうとします。だからアイデアや発想が豊富です。

でも「飽き性じゃない人」から見ると、「こらえ性がないからダメだ」となってしまいます。

また、この相対的価値は、「なにに向くか」で価値を発揮したり、逆に悪い結果になることもあります。

たとえば「短気」の人は、決断が早くてなんでもテキパキこなそうとします。だから、「短気」が仕事に向いたときにはものすごい成果を発揮します。

でもそれを人に向けると怒ったり、相手を傷つけたりしてしまうことがあります。

つまり相対的価値とは、その人の持って生まれた性格や特質そのものであり、〝個性〟です。だから使い方によっては長所にも短所にもなります。

私たちの人生はまさにこの、持って生まれた相対的価値をどのように発揮し、活かすかの旅路だといっても過言ではありません。

◎自分にできないことがあるからこそ、相手のよさがわかる

ではなぜ、神様は私たち人間をすべて同じにつくらずに、個性という形でそれぞれに相対的価値をつけたのでしょうか。

それはまず、**それぞれの価値に気づいて助け合うためです**。

自分ができないことがあるからこそ、相手の価値を認めることができます。また自分にできることがあるからこそ、相手に価値を認めてもらえるのです。

それぞれができることで助け合い、足りないところを補い合ってこそ、私たちは進歩発展していけます。

また、そういうところが様々な学びとなって、魂が成長するようにもなっているのです。

そしてこの相対的価値は、あなたに必要な仲間やパートナーを見つけるためのものでもあるのです。

価値観の違う人同士が一緒にいても、あまりうまくいきません。

それよりも、同じ価値観を共有してお互いに足りないところを補い合う仲間やパートナーを見つけられたとき、お互いの価値がさらに高められ、人生のすばらしさがわかってくるのです。

なぜか「お金を引き寄せる人」の法則 18

1. 私たちすべての人間には、絶対的な価値（命の尊さ）がある
2. 絶対的な価値を知れば、自信と勇気が湧《わ》いてくる
3. 私たちには相対的な価値（個性）もある
4. 相対的価値が備わっているのは、それぞれの価値に気づいて助け合うため
5. それぞれが助け合い、足りないところを補い合うから人類は進歩し、発展してきた

19

私たちが人の悪口を言ってはいけない本当の理由

なぜ人の悪口を言うのがいけないのか。回りまわって当人に聞かれるとまずいから、ですよね。でも、それ以上に悪口を聞かれるとまずい人物がいるんです。それは……

「自分には価値があるんだ」ということを知り、自己重要感を高め、さらには共感力を高めていくために一番有効な手段。それは、**使う〝言葉〟を変えることです**。

私が一人さんと2人で『心を豊かにする会』を結成して、はじめて教えてもらったのはこの言葉です。

「白光の誓い」
自分を愛して、他人を愛します
やさしさと笑顔を絶やさず
人の悪口は決して言いません
長所をほめるようにつとめます
南無白光観世音

この言葉には、今まで書いてきたことのエッセンスが凝縮されています。

まず、「自分を愛して」で自己重要感を高めます。次に「他人を愛します」で、相手の自己重要感を高めるのです。

「やさしさと笑顔を絶やさず」にいることで、自分のいいところを引き出します。「人の悪口は決して言いません」は、相手のいいところを引き出すために絶対に必要なことです。

そして「長所をほめるようにつとめます」で相手のいいところを引き出し、それらがすべて自分自身の共感力を上げることにもつながるのです。

実際に、私はこの言葉を唱え、そしてこの言葉に沿って行動するようになってから、人に対する接し方から収入までもが大きく変わりました。

自分を愛するということで、自分の心が豊かになります。そうすると、人のこともすごくほめやすくなるんです。

そして、やさしさと笑顔を絶やさずにいると、人との距離が近くなり、話しかけられやすくなって、親近感をもたれるようになりました。

さらに、相手の価値を見出し、自分にも価値を見出すと、自分の中に愛がみなぎってきたのです。

愛がみなぎってくると、心の中は至福感で満たされ、さらに自分のことが大好きだと思えるようになりました。

そして、「この人たちにもっとなにかをしてあげたい。無償の愛でなにかをしてあげたい」と思うようになったのです。

そういう気持ちでいると、なぜか相手も私に「会いたい」と言ってくれるようになったのです。

そうして、「会いたい」と言ってくれる人が増えるのと同時に、お金も同じように入ってくるようになったのです。

◎落ち込んでいる自分に向かって、「私ってすごいんだ！」

「白光の誓い」の次にオススメしたいのは、やはりなんといっても「天国言葉」です。これはすでに私の本で何度も紹介していますが、とてもいい言葉なので改めて紹介させていただきます。

「天国言葉」
愛してます

ついてる
うれしい
楽しい
感謝してます
しあわせ
ありがとう
ゆるします

これらの「天国言葉」を毎日唱え、さらにそれぞれの言葉を実際に使うような行動を心がけるのです。すると、起きる出来事がものすごく変わってきます。

それと同時に、次のような言葉を使わないようにつとめます。

「地獄言葉」
恐れている
ついてない

不平不満
グチ・泣きごと
悪口・文句
心配ごと
ゆるせない

これらの「地獄言葉」を使わないようにし、「天国言葉」を積極的に使うようにすれば共感力はどんどんアップしていきます。

また、自分に自信がないとき、落ち込んでいるときは、「天国言葉」を何回も唱えてください。

「私には、すごい価値がある！」
「私って、すごいんだ！」

なかなかそうは思えなくてもかまいません。まずは口に出して言ってみるのです。

そうやって使う言葉が変わると心が変わり、行動が変わり、やがてはあなたの人生も変わってくるのです。

◎自分が言った悪口を一番聞いているのは自分

「白光の誓い」には、「人の悪口は決して言いません」とあります。

人の悪口を言うと、言われた人はいい気がしません。直接聞かなくても、「あの人があなたの悪口を言ってたよ」と回りまわって耳に入ることがあります。

それに、その悪口を聞いた人は「この人は陰で人の悪口を言う人なんだ」という目であなたを見ます。さらに、「もしかしたら私のことも陰で悪口を言ってるのかも」と思って、距離をおかれてしまいます。

そしてなにより重要なのは、**自分が言った悪口を一番聞いているのは自分自身だということです**。そうすると、自分のことが好きになれなくなってしまいます。

「地獄言葉を言ってはいけない」というのもこれと同じです。

あなたは、いつも人の悪口や地獄言葉を言っている人のことを、好きになれませんよね。

それと同じで、人の悪口や地獄言葉を言っていると、それを一番聞いている自分のことが嫌いになって、自己重要感が下がってしまいます。

だから、使う言葉は相手への印象を変えるだけではなく、自分にどんな言葉を聞かせるかで、自分の心をも変えてしまうのです。

フランスに行ったらフランス語、アメリカに行ったら英語、日本にいたら日本語を話さなければならないように、天国に行きたかったら天国言葉を話さないといけません。

あなたが地獄に行きたいのなら別ですが、そういう意味でも地獄言葉は使わないほうがいいですね。

なぜか「お金を引き寄せる人」の法則 19

❶ 使う言葉を変えれば、豊かでしあわせな人生にどんどん近づく

❷ 「白光の誓い」を毎日唱える

❸ 「地獄言葉」を言わない。「天国言葉」を使う

❹ 「地獄言葉」を使っていると、それを聞いている自分が嫌いになることを知る

20

出会う人すべてに「よきことがなだれのごとく起きます」と唱える

人の幸せを願えるのはとても幸せなことですよね。なぜなら、自分自身が豊かである証拠だから。そういう豊かな心の持ち主のところに人もお金も集まってくるのです。

私が「白光の誓い」を実践してみて一番変わったのは、人から感謝されることがすごく増えたことです。

人から感謝されるとうれしくなります。そして、「また感謝されたい」と思って、さらに「相手がどんなことをしたら喜ぶか」といったようなことを毎日、考えるようになるのです。

こうした心の動きはまさに、共感力アップにつながります。

そうして共感力が上がってくると、相手のいいところがどんどん見えてくるのです。そこをほめると、また相手に感謝されるという好循環につながります。

そうやって相手に感謝し、感謝されているうちに、私の心の中に愛がみなぎってきたのです。

まさに共感力とは、**「愛そのものなんだな」**と知った瞬間でした。

そして、「白光の誓い」の次に私が一人さんに教えてもらったのが、「人のしあわせを祈る」という業でした。

出会ったすべての人に、**「この人にすべてのよきことがなだれのごとく起きます」**と心の中で唱えます。

これができたのも、先に「白光の誓い」で自分の心に愛がみなぎってきたからこそ、人のしあわせを願えるようになったのです。

人のしあわせを願えること自体がすごく豊かなことです。そういう豊かな人のまわりに、人もお金も集まってこないわけがありません。

それで豊かさを実感した私は、ますます人のしあわせを祈るのが楽しくなりました。

それこそ、道を歩けばすれ違った人に、電車に乗れば「この電車に乗っているすべての人によきことがなだれのごとく起きます」と祈る。

そうすると、私の心はますます感謝の気持ちで満たされ、共感力が上がっていったのです。

◎相手からダメ出しされたときは、「教えてくれてありがとう」

逆に相手を否定すると、共感力は下がります。

自己重要感が下がるのも相手から否定されたときですし、否定とは、愛とは真逆の行為なのです。

相手の間違いを指摘するのは重要なことですし、比較することもときには必要です。

でも、比較して「おまえはダメだ」といって否定するのはよくありません。

残念なことに、世の中には共感力が低い人がたくさんいます。

だから、私たち一人ひとりが自分自身の自己重要感を、相手から下げられないように防ぐことが必要です。

そして、相手から否定されてもこちらは「教えてくれてありがとう」と感謝で返すようにしましょう。

否定に対して否定で返していたら、いつまでも悪循環は止まりませんからね。

ただ、世の中には本当にイヤな人がいます。
そんな人たちに無理やり合わせる必要はありません。
不機嫌な人のなかでも特に負の気が強い人がいます。
そういう人と付き合っていると、自分の〝上の気〟を奪われるだけです。
だから、そういう人からは積極的に逃げるか、避けるようにしましょう。

なぜか「お金を引き寄せる人」の法則 20

1. 出会うすべての人に、「よきことがなだれのごとく起きます」と祈ると、心が感謝の気持ちで満たされ、共感力がアップする
2. 相手を否定しない。また否定してくる相手からは遠ざかるようにする
3. もし相手から否定されても、「教えてくれてありがとう」と返す
4. 不機嫌な人や負の気を出す人からは、逃げるか、避ける

21

もらった恩を自分のところで止めないで返す

大変な仕事を手伝ってもらった、心が折れそうなとき励ましてもらった。色々な人のサポートがあるから私たちは生きていけます。そうして受けた恩は、自分のところで止めないで返しましょう。

「棚《たな》から牡丹餅《ぼたもち》（棚ぼた）」ということわざがあります。

思いがけない幸運を得ることや、労せずによいものを手に入れることの〝たとえ〟として使われる言葉です。

でも実際は、牡丹餅のない棚から牡丹餅が落ちてくることはありません。

臨時収入を得るのでも、仕事で成功してお金を手に入れるのでも、そこに〝お金の流れ〟がなければ手にすることはできないのです。

その〝流れ〟に気づくために必要なのが共感力なのですが、そのためには〝流れ〟の本質を知らないと共感することができません。

〝流れ〟は様々なものから生まれますが、まず大切なのは**〝人の気持ち〟です**。

人が人を思いやりいたわる気持ちや、様々な希望や願いといったものが流れをつくります。

また、〝経済の流れ〟もあります。

世界経済や日本経済といった大きな流れを知ることも大事ですが、まずは生活していくための、自分の経済の流れを知らなければなりません。

そして、なにより私たちが知らなければならないのは、**〝神様がつくった流れ〟で**

す。

私たちは魂の成長のために生まれてきました。その魂の成長のためには、お金が必要です。

〝魂の乗り物〟である肉体を維持していく「衣食住」を手に入れるためにも必要ですし、自分の夢や目標を叶えるためにも必要です。そして、お金を手に入れるためには、人間関係をよくする必要も出てきます。

つまり〝神様がつくった流れ〟とは、「人間がお金を欲するという流れ」の中で仕事をしたり、人間関係をよくしようとすることで魂が成長できるようになっているのです。

◎「恩返し」と「恩送り」の流れをつくる

こうしたすでにある〝流れ〟に気づくことも必要ですが、**自分で〝流れ〟をつくることも大事です**。

たとえば、「楽しくお金を稼ぎ、楽しくお金を使う」という流れを自分の中につくれば、人生をより豊かにすることができます。

さらに「もっと多くの人を喜ばせたい」という気持ちをもてば、神様から応援してもらえ、いろんなアイデアをくれます。

それで多くの人が喜べば、その数だけお金が入ってきますし、さらに「もっともっと多くの人を喜ばせたい」と思えば、それに合わせてまた神様がアイデアをくれるという好循環の〝流れ〟がそこにできるのです。

それと私が最も大切にしているのは、**「恩返し」と「恩送り」の流れです。**

日本には受けた恩をその人に返す「恩返し」と、受けた恩をその人に直接返すのではなく、別の人に渡す「恩送り」の精神が古くからあります。

私も親や世間、そして一人さんや神様から受けた大恩を少しでも「恩返し」できればと、いつも思っています。

それとともに、私がもらった大恩を出会った人に渡す「恩送り」をすることも、常に忘れていません。

よく、もらった恩を自分のところで止めてしまう人がいますが、一見そのほうが〝得〟に見えても、これは一番〝徳〟を失うことになるのです。

いただいた恩はその方に「恩返し」するとともに、また別の人に「恩送り」をする。この流れこそが、最も豊かになれる流れなのです。

◎この神様の問いに、あなたはなんと答えるか?

自分の流れをつくるためには、人生の終焉《しゅうえん》である、最後のゴールを意識することも大切です。

川の流れが最後には大海に流れ着くように、私たちの人生の終焉も、魂のふるさとへ帰るようになっています。

そしてそのふるさとに帰ったときに、親である神様は、あなたにこう聞かれるそうです。

「あなたはこの人生を楽しみましたか? そして、人に親切にしましたか?」

この神様の問いに対して、「はい! 私はこの人生を楽しみ、人に親切にしました!」と言えるように、今を生きる。

そういう意識を持って、自分の人生の流れを考えることも、とても重要なことなのです。

なぜか「お金を引き寄せる人」の法則 21

1. お金を手に入れたければ、〝お金の流れ〟を知ること
2. 〝お金の流れ〟に乗るためには、人の気持ちを知り、人間関係をよくすることで魂を成長させる必要がある
3. 自分で流れをつくるには「もっと多くの人を喜ばせたい」と思うこと。そうすれば、それに合わせて神様がアイデアをくれるようになる
4. 受けた恩は返し（恩返し）、ときに直接本人に返すのではなく、別の人に渡す「恩送り」もしながら、お金の流れをつくる

22

志の高い人を天は応援する

あなたは何のためにお金が欲しいのでしょうか？　私利私欲のため……という人は、長続きしません。天に応援され、お金からも愛される人は、志《こころざし》を高く持って、楽しく仕事をする人なのです。

共感力を上げるためには、より高いものに共感する必要があります。その高いものとはズバリ、**神様です**。

神様の意志とは「大我」です。その大我を実践するのに必要な指針が、「四方よし」の精神なのです。

「自分さえよければいい」という「小我」には、共感そのものがありません。

利己的な人に多いのですが、つい相手のことを考えずに自分の流儀でやってしまう人がいます。これって小我ですよね。

どれだけいい技術を持っていても、それを「多くの人に役立ててもらおう」という大我の精神がないと、その技術も廃《すた》れてしまいます。

それにやっぱり、小我の人はまわりの人から愛されません。人から愛されないとお金にも愛されなくなってしまいます。

◎あなたが天から与えられた使命とは？

これからの時代はますます、「小我で生きる人」と「大我で生きる人」の差がハッキリする時代になります。

その大我で生きるための指針になるのが「四方よし」の精神であり、併せて**自分の〝志〟を持つことです**。

志とは使命感です。

幕末の志士が時代の流れのなかで、「自分が今、天から与えられた使命はこれだ」と志を持って事にあたったように、私たちも今の時代を担《にな》うべく、志を高くもたないといけません。

志を高く持って仕事をすると、必ず仕事は楽しくなります。

それが人の役に立てばもっと楽しくなり、そういう人こそ天が応援したくなる人であり、お金からも愛される人なのです。

◎心を豊かにすれば、自然とお金は入ってくる

アメリカに、「意志あるところに道あり」ということわざがあります。このことわざにある〝道〟とはまさに〝流れ〟のことです。

あなたが志を持って歩いたところには、必ず流れが生まれます。そして、その流れに共感する人が現れ、その流れはより大きくなります。

そしてその流れが神様の意志によるもの、つまりあなたの、そして多くの人の「魂の成長」につながるものであれば、さらに大きな流れとなって、多くの人を動かす力となるのです。

お金も神様の意志によるものだとすれば、この流れに沿って流れるのはいうまでもありません。

だからもしあなたが今、お金に苦労しているのだとしたら、その流れに逆らっている証拠です。

これからは、心の豊かさが経済的な豊かさに直結する時代になります。

だから、まずは自分の心を豊かにしましょう。

その流れが精神的にも経済的にも豊かな流れをつくり、お金の流れを引き寄せることになるのです。

なぜか「お金を引き寄せる人」の法則 22

❶ 天から応援されるためには、「四方よし」(自分、相手、世間、神様が◯《まる》)の精神が必要になる

❷ 「四方よし」の精神と同じくらい大切なのが「志」(使命感)

❸ 「志」を高く持って仕事をすると、仕事が楽しくなる

❹ 楽しく仕事をして人の役に立っている人を天は応援する

❺ 天から応援されるような人が「お金からも愛される人」

スペシャルメッセージ

次に紹介するお話は、2015年4月に開催された「まるかん祭り」で、一人さんが講演された話に加筆・修正を加えたものです。

さらに、この本を読んでいただいたみなさまは「スペシャルプレゼント」として、この講演会の音声を無料でダウンロードしていただけます。

ぜひ、文字と音声の両方で、一人さんの話を楽しんでくださいね。

※ダウンロードの方法など詳しくは、巻末の「柴村恵美子公式ホームページ」紹介ページをごらんください。

特別付録

ものすごい勢いでお金持ちになる確率が上がる話

斎藤一人

◎お金に困る人は「お金に偏見を持っている人」

今日はお金の話をします。

お金だけは「こうすると確率が上がるよ」っていうだけで、「これをやったら必ずお金持ちになっちゃう」っていうものはないんです。

ただ、「これをやると、ものすごい勢いでお金持ちになる確率が上がるよ」っていう話をします。

四つあるけど、一つでも覚えれば大したものです。

さらに「10×10×10……」っていうように一つでも多く覚えたら、さらにお金持ちになる確率が上がるっていう話だからね。

まずは、お金持ちになりたいなら「これだけは絶対に覚えてね」という話をします。

お金をもてない人っているでしょ。お金に愛されない人。

簡単に言うとね、そういう人は**「お金に対する偏見を持ってる」んです。**

これを聞くとみんな、「自分はお金に偏見がない」って思ってるけど、あるんだよ。それが。

そのお金の偏見っていうのが、「人の偏見」に出るんです。

たとえば、「うちの上役は私より働いていないのに、私より高い給料をもらってる」とか、だれかがちょっとしか働かなくて、うんとお金を儲けてるとするよね。それに対して、腹を立ててるんです。

それから、自分よりも学校の成績が悪くて、運動もできなかった同級生がいて、自分は一生懸命に働いてやっとアパート暮らしなのに、その同級生が親に家を建ててもらったりすると腹が立つんです。

◎いいことがあった人に「よかったね」と言うと、自分にも同じことが起きる

腹を立てるっていうことは、そういう人が許せないんです。

うまくお金が入ってきた人を許せないんだよね。

そうすると、そういう人は「お金が余分に入ってくるようなことを許せません」っていう波動を天に向かって出してることになるんだよ。

あのね、実力以上でかまわないの。

この前、みっちゃん先生（一人さんのお弟子さん）がいま売れてる本で、『斎藤一人　大富豪が教えてくれた本当に豊かになれる「大金持ちごっこ」』（KKロングセラーズ）という本を出したんです。

実はこの本、ライターさんが全部書いてくれて、みっちゃん先生は1行も書いてな

いんだよ。

なにが言いたいかというと、普通は全部自分でやったことを「すごい」って言うよね。

だけど、本を書ける人でも、今はなかなか本って出してもらえないんです。それを、書けない人が出しちゃうんだよ。そこが本当に「すごい」んです。

それで、こういう「すごい」ことを起こす〝魔法の言葉〟があるんです。

それは**「よかったね」って言うの**。

たとえばあなたの知り合いで、実力もないのに親に家を建ててもらった人がいたら、「よかったね」って言えばいいんです。

だって、実力があったらとっくにその人は家を持ってるんです。実力がない人に、なんかいいことがあると「よかったね」なんだよ。

それで、人にいいことがあったときに「よかったね」ってスッと言えると、あなたにも同じことが起きるんです。

◎子どもに突然1万円をあげてみる

この前、「うちの子どもの教育、どうしたらいいでしょう」っていう人がいて、私は「英才教育しな」って言ったの。

それで、「英才教育ってどういう意味ですか？」っていうと、「お金に対する英才教育」をするんです。

実は私も、お金に対する英才教育をされて育っちゃったんだよ。

子どものときにお金や社会のことを学ぶのには、三つの段階があるんです。

一つ目は、子どもに対して、タダで家の手伝いをさせる。

昔はどこの家庭もそうで、その時代は日本が貧しかったの。

二つ目は、日本もだんだん豊かになってきて、子どもにお小遣いをあげられるようになったんです。

それで、これはすでにみんなもやってるかもわからないんだけど、子どもがお手伝いをすると「いくらあげるよ」って。

たとえば「毎日下駄箱を掃除すると100円あげるよ」って。

これをやるとどうなるかっていうと、子どもは「働けばお金になる」って思うんだよ。

もちろん、これはいいことです。「働いたらお金がもらえる」ということを教えるのは、続けたほうがいいよね。

でも、これだけでは英才教育にはならないんだよ。

そこで三つ目。英才教育っていうのは、**脈絡もなく突然1万円をあげたりするんです。**

それが誕生日とかお正月とかじゃダメなの。

「なんで今日くれるんだ?」っていうときに、突然あげるんだよ。

そうすると、脳は「俺はここの家に生まれただけでお金がもらえるんだ」とか、脳が臨時収入を受け入れるようになるんです。

人は、時々何の労働もなく所得が入ってこないと、不労所得がある人を妬《ねた》むようになるんです。うまくやってる人のことを妬むようになるんだよ。

これね、代々お金に苦労する家の特徴なの。〝一子相伝《いっしそうでん》〟みたく、ずーっと続いているんだよ（笑）。いや、本当なんだよ。

私の育った家はおかげさまで、外からお客様が来たりなんかすると、「僕ちゃん」とかいってお金くれて、やたらお金がもらえる家だったんです。

だから臨時収入があるのが当たり前だったから、「人にもそういうことがあるもんだ」って思うんだよね。

そうすると、人に臨時収入があっても妬んだりしないんです。

でも人の臨時収入を妬んだりすると、自分の臨時収入もなくなってきちゃうの。うまくお金が入り込んでこなくなっちゃうんです。

なぜこないかっていうと、そういう人のことを許せないから。あなた自身が「臨時収入を許さない」っていう波動を出してるんだよ。

◎遠くの100億円より、近くの1000万円が妬ましいわけ

誕生日にお小遣いをあげると、「誕生日になるともらえる」って思っちゃうんです。だから、英才教育したいなら関係ない日じゃないとダメなんだよ。

臨時収入があると思うと、**人ってウキウキするんです。そして、人を妬まなくなるの。**

「あぁ、あの人にもいいことがあったんだ。そしたら俺にもいいことあるな」って思えるんです。

臨時収入だけじゃ人は生きられないから、ちゃんとした収入があることも大切です。

でも時々、臨時収入があると、人はものすごいハッピーになっちゃう。

それが「臨時収入が自分は少ないんです」とか、「どうも仕事がうまくいかないです」「お金まわりが悪いんです」っていう人は、どっかで人のことを恨んだり妬んだりしてるんだよ。

さらにその妬みというのは、距離に比例するんです。

「アメリカでだれかが100億円の遺産をもらいました」と聞いても、そんなに腹は立たないんだよ。

それより隣の人が1000万円もらったほうが腹が立つんです。距離に比例するんだよ。

つまり「友達にいいことがあった」とか「兄弟にいいことがあった」とか、自分との距離が近ければ近いほど、その妬みも大きくなるんです。

人にいいことがあったときに「よかったね」って言える人は、「こちらも受け取る準備ができてますよ」「いつでもオッケーですよ」って、天に向かって言ってるのと同じなの。

でも妬んで心を閉じてる人は、それができないんだよ。

だから、へんてこりんな教育じゃなくて、たまにお小遣いで1万円をスッとあげたりする。これがね、お金の英才教育なんだよ。

◎習い事をサボる子どもに、経済観念をつける方法

お金のことって簡単なの。

この前ある人が、子どもに水泳を習わせてるんだけど、その子はサボって友達と遊んでいるほうが楽しいから行かないらしいんだよね。

それで、私はその人に言ったの。

「別に泳げなくったって、魚じゃないんだからいいんじゃないの？」（笑）

でもその人は、「月謝を払ってるから、サボってるともったいないような気がして」って言うんです。

ちなみに「月謝いくら？」って聞いたら、7000円だとのこと。

それなら、「お前が水泳に行きたくないのなら辞めて、その月謝の分の1000円をお前にあげるね」って言うんです。

すると子どもは、行きたくないところに行かないですむ上に、1000円もらえて、お母さんは6000円得なんだよね。

この当たり前の計算がさらさらっとできれば、「経済ってこういうものだからね」とかって、経済観念が働くようになっちゃうんだよ。

なんか、まわりが泳げると「自分も泳げないといけない」ような気になるけど、私は泳げないからね。

泳げない人って溺《おぼ》れないいんだよ。だって、水のところに行かないんだもん。

それで、ボートとかに乗るときは救命胴衣を必ず着けてるんだよね。逆に、泳げるやつが危ないんだよ。

そんな簡単なことをちょっと覚えておいて、たまに子どもにお小遣いあげるといいよ。

◎労働以外でお金が入ってくることをよしとする

だいぶ前に、シンガポールに行ったときのことです。

私は市内観光をするのに、自転車に人力車の台が付いたような乗り物に乗りました。

その乗り物を漕《こ》いでるおじさんはすごく痩《や》せてて、見るからに体力がなさそうなの。

それで道路を走ってるときに1台の自転車を抜いたから、私はそのおじさんの脚を「ちょんちょん」と叩いて、お金を渡したんです。

最初は「なんでもらったんだろう？」ってわからなかったんだけど、また抜いたときに「ちょんちょん」とやってお金を渡すと、そのおじさんは「抜くともらえるんだ！」というのがわかったらしく、それからはすごいスピードを出し始めて、どんどん抜いちゃうんだよ（笑）。

だから、臨時収入って人を元気にさせるんだよね。

こういうことがあると、人生がさらに楽しくなっちゃうんです。

ほとんどの人は、「労働以外でお金が入ってくること」はいけないことだと思ってるんだよね。

そうすると、「労働だけ」になっちゃうんだよ。

◎うまくお金が入ってくる人を見て、腹を立てない

私はちっちゃいときからお金をいっぱいもらえたんです。なぜかっていうと、本当に可愛かったんだよ（笑）。いや、それは大きいんだよ（笑）。

人に愛されるって重要なことなんです。

親が子どもを愛してないわけじゃないんだよな。でも、自分たちが子どもだったときは、働いてもお小遣いももらえなかったんだよ。

その頃の日本は豊かでしたかっていうと、みんな貧しかったんです。

でも今は、豊かになったら働いた分くらい、お手伝いするとお小遣いをくれるようになったんだよ。

これが外国の大金持ちなんかだと、あのロックフェラーの息子でもなんでも、大学

のときにアルバイトをするの。

だからって、「アルバイトの金で生きろ」とは言わないんです。

親は、働くと大体1日にどのくらいもらえるかを教えるために働かせるんだよ。

それで、大学の費用だとか、お金がかかることについてはちゃんとくれるの。不労所得もあるんです。

つまり、お金持ちの家は〝ダブル〟で知ってるんだよ。これが偏《かたよ》っちゃダメなんです。

働かないでお小遣いばっかりもらっている人は、社会では通用しないんだよ。

でも、働いた分だけしか収入がないとなると、心が貧しくなっちゃう人がいるんです。

そういう人は、うまくお金が入ってくる人を見ると、腹を立てるようになっちゃうんだよ。それで腹を立てると天に向かっても、世間に向かっても「許せない波動」を出すことになるんです。

その結果、「お金が入ってくる人」には別に何の問題もないんだよ。

でも、「許せない波動」を出してるあなたにだけお金が入らないの。だって、許せないのはあなたなんだもん。

「お金が入ってくる人」はそのことを許してるんです。「もっともらいたい」と思ってるくらいなんだよな。

だから、人のしあわせを願わなきゃいけないよ。

これが、うちのお弟子さんたちが一番最初にやりなさいって言われた「この人にすべてのよきことがなだれのごとく起きます」と言って、出会った人のしあわせを祈ることなんです。

ようするに、**豊かになりたかったら、人のしあわせを願うことから始めるの。**

そして、人にいいことがあったなら「よかったね」って言えるようになりな。まず、これをやらないと豊かにはなれないよ。

仕事で成功しても、事業がうまくいって大きくなっても、金の苦労をしてる人は山ほどいるんだよ。

逆にサラリーマンで臨時収入がやたらと入ってきちゃう人とか、うまくいっちゃう人、親から財産をもらう人とか、なぜかお金に困らない人がいるんだよね。

そういう人っておしなべて、人のいいことを「よかったね」って言える人なの。

だからまずはこの一つだけは覚えてね。

人にいいことがあったら、「よかったね」。

たったこれだけなの。

一番最初に私のお弟子さんが習ったことも、実はこれなんだよ。

◎臨時収入にも多い・少ないがあるのはなぜ？

次に知ってほしい話をします。

「不労所得がある」とか「臨時収入があった」っていっても、その金額が100円の人もいれば、100万円の人もいるんです。それぞれ桁が違うんだよ。

なんで桁が違うかっていうと、**「自分に対する価値観」によって、その大きさが決まるんです。**

「自分に価値がない」と思ってる人っているんだよ。

自分に価値がないと思ってる人は、たとえば「自分は価値がないんだ」って思って働きに行くと、その人のことをいじめる人が現れたり、職場で「お前には価値がないんだ」と思わせられることが起きるんです。

ところが自分に「価値がある」と思ってる人には、「やっぱり私には価値がある」って思わせることが起きるんだよ。

◎「自分はダメな人間だ」という証拠集めを、今すぐやめなさい

たとえば私が英語を習いに行くと、もちろんできないです。

そうすると、「2日で英語に向かない」っていうことがわかります。

だから、外国に行くときはだれか英語をしゃべれる人を連れて行くか、通訳を雇えばいいんだって思うと、そのことで通訳を雇えるような人になっちゃうんだよ。

ところが、自分に対する価値観が低い人ほどがんばるんです。だから、2日であきらめないの。

それで、がんばってもがんばってもできないから、最後は「俺はダメな人間だ」っていうことで納得するんだよ。

ダメな人間って、**「ダメな証拠集め」をするんです**。そして「やっぱり自分はダメ

だった」っていうことを納得するんだよな。

それを簡単に変えてあげたいっていうので話すのが、**「ツイてる」という言葉です**。

私が今まで多くの人に「『ツイてる』って言いな」って言ってきたのは、こういうことなんです。

たとえば、あなたが「自分はツイてない人間だ」と思って生きるのと、「自分はツイてる人間だ」と思って生きるのでは、その人の〝価値観〟が全然違うんだよ。

この前「私には浮遊霊しかついていません」と言う人がいました（笑）。

なんでも否定的に考える人間って、はたから見ても価値がないんだよ。だって、そういう人と一緒にいたくないもんな。

自分は「ツイてる」と思う。そして「天国言葉」をしゃべる。

それだけでも自分の価値観って上がるんです。

◎「できないことがある自分」をゆるす

あなたは価値のある人です。すごい価値のある人間なんだよ。


大体、一人さんってすごい人じゃないんだよ。〝ものすごい人〟なんだよ。

その〝ものすごい人〟に共鳴してくる人っていうのは、同じ波動を持っているから〝すごい人〟なんです。

それに私たちの脳っていうのは、機械にすると地球と同じ大きさになっちゃうくらいすごいものなんだよ。

この脳を持ち、目を持ち鼻を持ち口を持ち、さらには神様が一人ずつに「分霊《わけみたま》」として入っているとしたら、大変なものだよね。

神様は、人間にすごいものをいっぱいつけてくれているんです。

そのすごいものをいっぱいつけられてるのに、「自分には価値がない、価値がな

い」って言っていると、神様は頭にくるんだよ。「僕はあれができません」とか、「私はこれができません」って言うけど、できないものはお願いをしてやってもらうものなの。「できないこと」も必要なんだよ。

それに全部できたら〝かわいげ〟がないよね。できないことがあったら、「俺、これとこれができないから助けて」って言えば、まわりの人がやってくれるんだよ。私にもできないことは山ほどあるんです。

でも、できることはやってあげて、「ありがとう」と言われ、できないことはやってもらって「ありがとう」と言う。これが本来の人間の生きる姿なんだよ。

◎「自分はダメだ」と思ってしまう原因の99％は親のせい

「自分はダメなんだ」って思った理由の99％って、親なんです。

親は子どもを〝自分以上〟にしたがるんだよ。

子どもに期待する気持ちはわかるけど、その期待に必死で応えようとする子どもの身にもなってみな。

それに、「アンタが産んだ子がそんなにできがいいわけないだろう」って。

特に今の時代の子どもがかわいそうなのは、昔は金がなかったんだよ。金がないから、みんなで「金がない」ですんでたんです。

ところが今はお金があるから、お母さんはピアノができないのに子どもに習わせようとしたりするんだよ。

英語をしゃべらせようとしたり。自分だってしゃべれないのに。

その期待に応えようとすると、子どもがおかしくなっちゃうんだよ。

親の期待に応えられない自分を「ダメな人間だ」って思っちゃうんだよ。

この前もある女の子の話を聞きました。

その子は本当に成績がいいんだけど、自分が90点取ると、「親戚の子は100点だ」とかって親に言われるんだそうです。

それって傷つくよね。

◎「このクソババア！」と心の中で叫ぶ

この前、信ちゃんがね、一緒にドライブしてくれたの。お弟子さんの宇野信行社長ね。

信ちゃんは1年に1回くらい胃が痛くなっちゃうことがあるんだけど、その旅の途中でも、すごく胃が痛くなっちゃったの。

そこで病院に行ったんだけど、どこも悪いところは見つからないんです。

いろんな検査をしても痛い痕跡すらないんだけど、それでも当人はすごく痛がっちゃうの。

それで「なんでそんなことが稀《まれ》に起きちゃうんですか？」っていうと、信ちゃんは

「いい人」をやりすぎなんです。みんなから好かれようとしちゃダメなの。

それでね、そういう人って反抗期がなかったんだよ。

ちゃんとした反抗期を経験してないから、イヤなことでもなんでも、自分の中にしまい込んでしまうクセがついちゃったんだよね。

だからこういう人は、「このクソババア！」って心の中で何回も唱えると、親の価値観から抜けられるようになるんです。

それで、育ちがいい人は「このクソババア！」とか言えないから、そういう人は「このウンコお婆様！」って言えばいいの（笑）。

でも、両方とも「この」はつけないとダメだからね（笑）。

「このウンコお婆様！」と何回か心の中で言うと、今までせき止めていた感情の〝壁〟が崩れるんです。

これって、心理学的にもまったくそうなんだよ。

ようするに、お父さんかお母さんの「よく育てよう」という〝期待〟に応えられなかったんだよね。

それを「自分が悪いんだ」と思って、自分を傷つけちゃうんです。

それで自分に価値観がなくなってくると、「いい人」を価値観にしようとするんだよ。

そうすると、自分のことを嫌ってる人、妬んでる人、おかしな人にまで好かれようとするんです。

その原因はすべて親なの。親の過剰な期待に応えようとしたんだよ。

途中で反抗期があった人はいいの。私なんか、生まれたときから反抗期なんだよ。ず〜っと（笑）。爽やかだよ（笑）。

でも反抗期がなかった人は、そのことで自分を傷つけちゃうんです。

自分の価値観が低い人って、親の期待に応えられなかったの。それと「いい子」をやりすぎちゃったの。だからそれをやめればいいんだよ。

それでね、みんな、一人さんを選んだっていうだけで価値があるの。すごい人なんだよ。

◎お金は〝流れ〟を変えれば、いくらでも入ってくる

次は大金、つまり大金持ちになりたかったら覚えてなきゃいけないことを話します。

お金はね、いくらでもあるんだよ。

それを「お金は（一定の量しか）ない」と思ってる人がいるんです。

お金はいくらでもあるんだよ。なんであるかっていうと、たとえ話でいうと、あなたの血液を全部抜いたら「血液はいくつです」って言えるよね。「◯◯ccです」って。

じゃあ、その◯◯ccかの血液を使い切ったらなくなるかっていうと、そうじゃないよね。

人間の血液っていうのは回ってるんだよ。生きてるうちはいっぱい回ってて、その

量たるやどのくらいかかっていったら、大変な量なんだよ。

たとえば私が何百億円お金を稼ごうが、そのお金を持って歩いていないよね。実際にそのお金は銀行にあるんです。

それで銀行は、そのお金を他の人に貸し出してるんだよ。そうやって、お金はグルグルグルグルと社会を回ってるんです。

だから、その回ってる流れをちょっと変えれば、お金はいくらでも入ってくるようになるんだよ。

柴村恵美子さんと私が指圧学校で出会ったときに、一番最初に私はこう言ったの。

「あなたとは縁が長くなるけど、この世の中にはお金が流れる川がある。その川の流れの水の中にちょっと手を入れて、流れを変えてみないかい？」って。

いいかい、たとえば医療費っていうのは40兆円近くかかってるんだよ。

国が出してるだけでそれぐらいあって、個人が負担してるのを入れたらもっとあるの。

さらにその他にも、鍼《はり》だとか灸《きゅう》だとか、飲んでる薬代だとかを入れたら大変な金額なんだよ。

1兆円っていうのは1000億円が10個集まった、1万億円が1兆円だよね。それが毎年、グルグル流れてる川があるんだよ。

それで、「その医療費を使って、みんな病気が治っているんですか?」っていうと、治ってるわけじゃないんです。

医療費が年々増え続けているっていうことは、病人が増え続けてるっていうことだよね。

もし、そこの流れをちょっと変えたなら膨大なお金が入ってくるんだよ。

そして入ってきたお金がどうなるかっていうと、また銀行に入っていって、また流れるんです。

◎お金が「ない」と思うから、お金が「なくなる」のだ

「お金は(一定の量しか)ない」と思っていると、その人の脳は、ないんだから集める気にはならないんだよ。

人間の脳は怠《なま》け者なんです。新しい考えを嫌うんだよ。今まで通りにしてるのが一

番楽なんです。

ところが「お金はいくらでもある」と思ってる人にとっては、**「お金はグルグルと回っていて、いくらでもある」ものなんです。**

簡単にいうと、バブルのときはその回りがよかっただけなんだよ。

バブル崩壊後も貿易収支はずっと黒字だったということは、その後も日本のお金は増え続けたんです。回りが足りないだけなんだよ。

だから**「お金はいくらでもあるんだ」。「そのあるものを稼げばいいんだ」**。

これを覚えないと、ダメなんだよ。

もう一度整理すると、一つ目の「お金に偏見を持つな」っていうのと、二つ目の「自分には価値がある」っていうだけで、今までより相当違うんです。

でも「大金」っていうのをもとうとしたら、お金が世の中に「ない」と思っている人間はお金持ちにはまずなれない。

お金持ちの息子は、家にお金があるのを知っているんです。だから、「金がない、金がない」って言わないんだよ。

◎「つらい」が「楽しい」に変わるたったひとつの方法

最後に四つ目の話をします。

全部できなくてもいいからね。「一人さんはそんなことを考えてるんだな」っていう程度でいいの。

なんか最近、私は「たとえ話」でピアノの話ばっかりしてるから、この前ピアノの先生に「ピアノの話ばっかりしないでください」って言われたんだけど（笑）。いやぁ、悪気はないの。

みんな小さい頃に習い事に行かされるけど、なかでもピアノを習わされるのってすごく多いんだよね。

それでピアノの先生になるような人って、練習なんかの「つらいこと」とかそういうのを乗り越えた人なんだよ。

だからついつい、生徒に対しても「つらいこと」を押しつけちゃうの。

だけど、本当は「この頃に一番飽きるな」っていうのもわかってるはずだから、そ

今日はAKBの
『恋するフォーチュン
クッキー』を
弾いてみるか?

ういうときに流行《はや》りの曲を弾かせるとかすると、習うほうは楽しくなるんだよね。

ようするに、楽しさをアレンジして教えれば、練習を「つらいという流れ」から、「楽しいという流れ」に変えることができるよねって言いたいの。

ところが、なかなかこの流れを変えられないのは、**「自分が苦しいのを乗り越えた人」だからなんだよ。**

ちなみに、私は苦しいのが大嫌いなんです。

私がなにかやるときって、まずは苦しくないことを始めるんだよ。

断食も「お腹いっぱいになったら始めて、お腹が減ったらやめようね」とか（笑）。そうすると、参加者がすごく多いんだよ。苦しいことってだれでもイヤなんだよね。

だから、ピアノでもなんでも、流れをちょっと変えて、「楽しいピアノ教室」ってやったら、楽しく習いたいっていう人は、「指先の動きがよくなれば弾けるんだから、楽しくやろうよ」って言ったほうがいい生徒もいるんだよ。

「そんなとこはイヤだ」っていう生徒もいるかもしれないけど、そういう人はよそに行けばいいんだよね。

◎税金を払えば払うほど、手元にお金が残る不思議

お金がうんと入ってきたとするよね。入ってきました。

一人さんって、税金払うのを絶対に惜しまないんです。

なぜかっていうと、うんとご飯を食べると「ウンコ」がいっぱい出るんだよ。そりゃ、当たり前なんです。

それを「どうしたらウンコしないですむか」をずーっと考えて研究するとするよね。そうすると、必然的に食べないほうがよくなっちゃうんだよ。

つまり、入ってきたものを体の中で吸収して、余ったものが税金になって出るようなもんなんです。

だから、税金が増えれば増えるほど、手元に残るものも多くなるんだよ。

それを「どうやって誤魔化《ごまか》そうか」とか「減らそうか」って、一生懸命考えてると入ってこなくなるぞって言いたいの。

それから一人さんってさ、講演会のCDでもなんでも「出しちゃいな」って言うんです。

講演会をやったり、そのCDを出したりするのって、出版よりよっぽどお金になるんだよ。

だからそういうのを売ってる人っていっぱいいるんだけど、その人は私よりお金を持ってるのかっていうと、持ってないんです。

私は恵美子さんと共著を出すのでも、1円ももらったことないんだよな。いや、ほんとに。

なにを言いたいのかというと、私も出版で食ってるんだったら「恵美子、半分ちょうだい」って言うのはいいんだよ。

だけど、納税日本一になってお弟子さんが書いたもので「ちょっとちょうだい」とかって言うと嫌われるぞって。いや、ほんとに。

だから、私は講演やなんかだって、こういうところで「やるから来て」とか、「こうやって話して」とか言われるから話すけど、本当にお金をもらってやらないんです。

もちろん、お金をもらってやってる人がいけないんじゃないんだよ。

◎立場が上の人は、できることもできないふりをするんだよ

日本っていう国は、「勝てばいい」んじゃないの。

相撲でもなんでも、自分が横綱になったら若い人がパーンとぶつかってきたら、サッと避けちゃって足引っ掛けて転ばしちゃいけないんだよ。

どんと受けとめてあげて堂々と闘って、やっぱり勝たなきゃいけないんだよ。

だから、最初はわからなくてただ勝つことだけ一生懸命やってても、上になってきたときに嫌われるようなことをすると、「他力」が入らないんだよ。

それから、社長とか立場が上の人になったら、自分ができることでもできないふりしなきゃいけないときもあるんだよ。相手に「花をもたせる」ことって大事なの。「これは俺のほうがうまいんだ」とかって、それじゃあ相手が形無しになっちゃうんだよ。

それより、できることでもできないふりして、「お前すごいな」って言ってるうちに、だんだん相手もうまくなって、結果的に自分もトクをするんです。

やっぱり、**心にゆとりがないとダメだね**。心にゆとりがないときって楽しいことを考えないんだよな。

疲れてるときほど、真面目なことを考えてるんです。

面白くないときは、必ずくたびれてる。

でも、元気になってくると本当に面白いことを考えるよね。

今日もね、「居酒屋とか立ち飲み屋で一番相応《ふさわ》しくない店名はなんだ？」って考えてたの。

モツ煮込みの店「雅《みやび》」とか、「ベルサイユ宮殿」とかさ（笑）。

ずーっとくだらないことを考えてると、時間が経つのが速いんだよな。

◎私が自分で自分のことを、「ものすごい人」という本当の理由

もう一回おさらいね。

お金の偏見っていうのは人に出るんです。

うまくやってる人を妬みだしたら自分にうまいことは起きないし、いいことは起きないの。

だから、人にいいことがあったら「よかったね」って言えばいいんだよ。

実力以上のことが起きたらいいことなの。だって、お金持ちの家に生まれただけで、実力がなくても金持ちになれる人っているよね。

王子様に憧《あこが》れるのだって、それが〝王子様〟だからで、それがもし普通の人だったら憧れるかい？

憧れるのって、人間的にどっちが立派かの問題じゃないんだよ。

不労所得があるっていうこともいいことなんです。

それはもしかしたら、前世にいいことをしてたからなのかもわかんないよ。

前世であなたがやったよい行いが、現世で表れてるのかもしれないんです。ずーっとずっと、前世からの因縁は続くんだよね。

だからあなたが今、人を妬んでるんだとしたら、その妬みをやめなさいっていうことなの。

身内とかまわりに神様が「妬みそうなこと」を出してくれるんだよ。これって「神様の試験」なんです。

出てきたときに「あなたは妬みますか？」「よかったねって言えますか？」と、あなたは試されてるんです。

そのことで人生が変わるんだよ。神様の試験に合格しなきゃダメなの。

それからね、「自分に価値がない」と思うのはやめな。人間はみんな価値があるんだよ。

成績が悪かろうが、体の具合が悪かろうが、そんなことは関係ないの。

「人間は価値がある」ということを私はずっと知ってたんです。

だから、学校の先生が私のことを傷つけようとすごい努力をしたんだけど（笑）、私は傷つかないいんだよ。

なぜかっていうと、私はものすごい人だから（笑）。

「自分は価値がない人間だ」と思うのは勝手だけど、みんなの中にも大切な魂があるんだよね？

それを「価値がない、価値がない」って言ってるのって正しいのかね？

「私はツイてない」とか「私は運が悪い」とか言ってて、聞いた人はその人の価値を認めるかね？

あなたがなんと言おうと、人間には価値があるの。

あなたが認めなくても、一人さんは価値があると思ってるからこうやって一生懸命しゃべってるんだよ。

あなたがこの世に生まれてきたのは、天に認められたからなんです

外国に行くと、必ず空港で入国審査を受けます。

国によってはものすごく審査基準が厳しい国もあります。

それと同じで、魂が生まれ変わるときにも審査があります。

なかでも地球に生まれ変わってくるのは、その審査基準が一番厳しいのです。

私たちはみんな、その厳しい審査に通って、地球行きのパスポートに神様のハンコを押してもらって生まれてきました。

神様はあなたの価値を認めています。だからこそ、この地球に生まれてくることを許可したのです。

生まれてきたばかりのあなたは自分には価値がある、そして同じようにまわりの人たちにも価値があることを知っていたはずです。

それが成長する段階で間違ったことを教えられ、自分の価値を見失い、他人の価値も見えなくなってしまったのかもしれません。

本書を通じて自分の価値に気づき、相手の価値にも気づくことができれば、あなたは必ず豊かになれます。

そして、さらに今世の旅路が、実り多きものになることを心から祈っております。

柴村恵美子

平成27年8月吉日

お知らせ

私、柴村恵美子は日本の中学生を応援しています。

中学生といえば、人生の中で一番多感な時期です。

そんなときに、人間関係や進学等に悩んだときの“羅針盤”として、心を軽くしてくれる「一人さんの楽しい教え」をぜひ、多くの中学生にも知ってほしいと願っています。

そこでこの度、『全国の中学生をもっと上気元にする会』を発足させました。

本書の印税の一部も、この会の活動資金に使わせていただきます。

その第1弾として本書を中学校の学校図書に寄贈するというプロジェクトを実施しております。

現在、本書を読んで内容に共感した方で、「私の地元の中学校にもぜひ寄贈してほしい」とか、「私も『全国の中学生をもっと上気元にする会』を応援したい」という方を募集しております。

詳しくは下記のホームページにアクセスしていただくか、下記のフリーダイヤルにお問い合わせください。

『全国の中学生をもっと上気元にする会』ホームページ
http://shibamuraemiko.com/

［フリーダイヤル］
0120-868-739

斎藤一人さんの公式ホームページ

http://www.saitouhitori.jp/

一人さんが毎日あなたのために、ついてる言葉を、日替わりで載せてくれています。愛の詩も毎日更新されます。ときには、一人さんからのメッセージも入りますので、ぜひ、遊びに来てください。

お弟子さんたちの楽しい会

♥斎藤一人　一番弟子――――――――――柴村恵美子
恵美子社長のブログ　http://ameblo.jp/tuiteru-emiko/
ＰＣ　http://www.shibamura-emiko.jp/

♥斎藤一人　感謝の会――――――――会長　遠藤忠夫
http://www.tadao-nobuyuki.com/

♥斎藤一人　天国言葉の会――――――会長　舛岡はなゑ
http://www.kirakira-tsuyakohanae.info/

♥斎藤一人　人の幸せを願う会―――――会長　宇野信行
http://www.tadao-nobuyuki.com/

♥斎藤一人　楽しい仁義の会――――――会長　宮本真由美
http://www.lovelymayumi.info/

♥斎藤一人　今日はいい日だの会――――会長　千葉純一
http://www.chibatai.jp/

♥斎藤一人　「ほめ道」の会――――家元　みっちゃん先生
http://www.hitorisantominnagaiku.info/

♥斎藤一人　今日一日、奉仕のつもりで働く会――会長　芦川勝代
http://www.maachan.com

♥斎藤一人　柴村恵美子の楽しい公式ホームページが始まりました！
http://shibamuraemiko.com/

♥斎藤一人　舛岡はなゑのブログが始まりました！
ふとどきふらちな女神さま　http://ameblo.jp/tsuki-4978/

♥斎藤一人　宮本真由美のブログが始まりました！
モテモテ道!!　365日オシャレが好き!!　http://ameblo.jp/mm4900/

♥斎藤一人さん専属のライター田宮陽子は、ただいまブログをやっています
晴れになっても 雨になっても
光あふれる女性でいよう！　http://ameblo.jp/tsumakiyoko/

ひとりさんファンの集まるお店

全国から一人さんファンの集まるお店があります。みんな一人さんの本の話をしたり、ＣＤの話をしたりして楽しいときを過ごしています。近くまで来たら、ぜひ、遊びに来てください。ただし、申し訳ありませんが、一人さんの本を読むか、ＣＤを聞いてファンになった人しか入れません。

新店住所:東京都葛飾区新小岩1-54-5　１Ｆ　電話：03-3654-4949
行き方：ＪＲ新小岩駅南口のルミエール商店街を直進。歩いて約３分
営業時間：朝10時から夜８時まで。年中無休

ひとりさんよりお知らせ

今度、私のお姉さんが千葉で「一人さんファンの集まるお店」というのを始めました。
みんなで楽しく、１日を過ごせるお店を目指しています。
とてもやさしいお姉さんですから、ぜひ、遊びに行ってください。

行き方：ＪＲ千葉駅から総武本線・成東駅下車、徒歩約７分
住所：千葉県山武市和田353-2　電話：0475-82-4426
定休日：月・金
営業時間：午前10時～午後４時

各地のひとりさんスポット

ひとりさん観音：瑞宝山　総林寺
住所：北海道河東郡上士幌町字上士幌東４線247番地
電話：01564-2-2523
ついてる鳥居：最上三十三観音第二番　山寺千手院
住所：山形県山形市大字山寺 4753　電話：023-695-2845

観音様までの楽しいマップ

●ひとりさん観音（1995年12月8日建立）●

ひとりさんの寄付により、夜になるとライトアップして、観音様がオレンジ色に浮かびあがり、幻想的です。

●セレブ龍（2014年10月19日建立）●

ひとりさん観音の前方横に建てられた『金運アップ』の開運龍の石像です。

※ひとりさん観音とセレブ龍は、一人さんの弟子である、柴村恵美子さんが、故郷に建立されたものです。

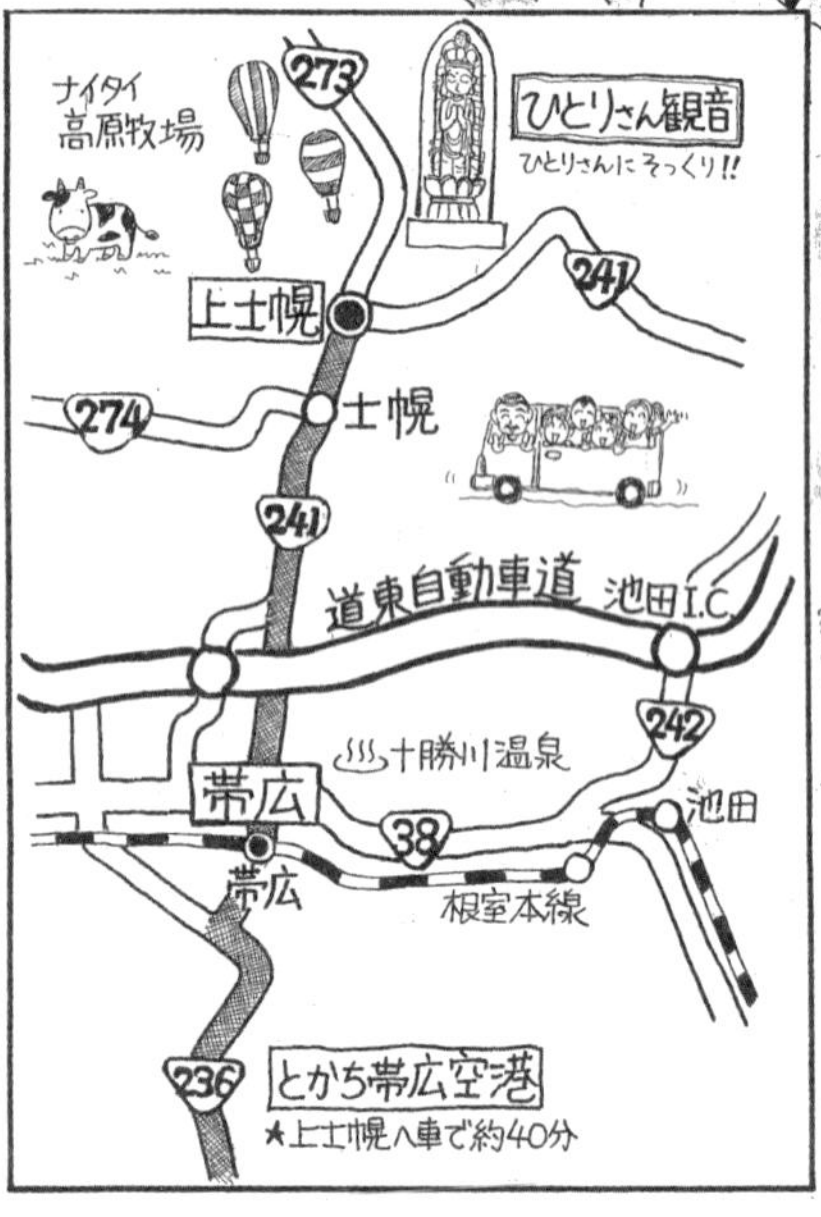

ひとりさん観音建立場所

瑞宝山　総林寺

住所：北海道河東郡
上士幌町字上士幌
東4線247番地

☎ 01564-2-2523

〈著者紹介〉
柴村恵美子（しばむら　えみこ）
斎藤一人さんの一番弟子。『銀座まるかん』柴村グループ代表。北海道生まれ。18歳のとき指圧の専門学校で、斎藤一人さんと出会います。数年後、一人さんの肯定的かつ魅力的な考え方に共感し、一番弟子としてまるかんの仕事をスタート。以来、東京や大阪をはじめとする、13都道府県のエリアを任され、統括するようになりました。また、一人さんが全国高額納税者番付で１位になったとき、全国86位の快挙を果たしました。現在に至るまで、一人さんの教えを自ら実践し、広めています。
主な著書に、10万部突破のベストセラー『斎藤一人　天が味方する「引き寄せの法則」』や『斎藤一人　天とつながる「思考が現実になる法則」』『斎藤一人の不思議な魅力論』（以上、ＰＨＰ研究所）、『器』『運』『天』（以上、斎藤一人氏との共著、サンマーク出版）、『斎藤一人の不思議な「しあわせ法則」』（大和書房）などがあります。

〈柴村恵美子　公式ブログ〉 http://ameblo.jp/tuiteru-emiko/
〈柴村恵美子　フェイスブック〉 https://www.facebook.com/shibamura.emiko/

斎藤一人　天も応援する「お金を引き寄せる法則」

2015年9月7日　第1版第1刷発行

著　者　柴村恵美子
発行者　清水卓智
発行所　株式会社ＰＨＰエディターズ・グループ
〒135-0061　江東区豊洲5-6-52
☎03-6204-2931
http://www.peg.co.jp/

発売元　株式会社ＰＨＰ研究所
東京本部　〒135-8137　江東区豊洲5-6-52
普及一部　☎03-3520-9630
京都本部　〒601-8411　京都市南区西九条北ノ内町11
PHP INTERFACE　http://www.php.co.jp/

印刷所
製本所　図書印刷株式会社

ISBN978-4-569-82633-2